Ravensburger Freizeit-Taschenbücher Band 202

Hedwig Kretzschmar-Volck

Fliesenmalerei

Otto Maier Verlag Ravensburg

Die deutsche Originalausgabe erschien unter dem Titel
»Fliesenmalerei« im Hörnemann Verlag (ISBN 3-87384-326-9)

Fotos: Falls nicht anders angegeben, Fotoatelier Gauls, Koblenz
Umschlaggestaltung: Graphisches Atelier Otto Maier Verlag
Gesamtherstellung: Appl, Wemding
Printed in Germany

89 88 87 86 85   5 4 3 2 1

ISBN 3-473-43202-4

Inhalt

Um die Einsamkeit
ist’s eine schöne Sache,
wenn man mit sich selbst
in Frieden lebt
und was Bestimmtes
zu tun hat.
Goethe

Einführung

Die bemalte Fliese ist ein uraltes Gebrauchs- und Schmuckelement. Es ist sehr erfreulich, daß heute der Einzelfliese und der Fliesenkombination bis hin zur Fliesenwand steigendes Interesse entgegengebracht wird.
Außer den dekorierten Fliesen bietet die Wandplattenindustrie eine Fülle immer wieder neuer Typen in Form, Tönung und Oberflächenstruktur an. Ebenso werden Beispiele für reizvolle Verwendungsmöglichkeiten gezeigt.
Diese Variationen des Industrieangebots wecken im Fliesen-»Hausmaler« das Interesse, auch persönliche Ideen zu verwirklichen und ermöglichen eine ganz individuelle Ausgestaltung des eigenen Heims.
Der Fliesen- und Porzellan-Hausmaler arbeitet unabhängig von Fabriken und Gewerbebetrieben zur eigenen Freude. Oft gestalten Hausmaler nur Einzelstücke – sogenannte »Unikate« – und meiden serienmäßige Malerei.
Das Buch führt Sie zunächst in die handwerklichen Grundlagen ein, ohne die sich auch die besten Ideen nicht verwirklichen lassen.
Außer den traditionellen Aufglasurfarben, die man in der Porzellanmalerei verwendet, werden auch die »Sunshinefarben« vorgestellt. Aber auch Unterglasur- und Majolikamalerei werden behandelt und durch Beispiele belegt.
Nach der Einführung in die verschiedenen Techniken werden Möglichkeiten der Freizeitgestaltung erwähnt und daran anschließend anspruchsvollere Fliesenaufgaben und mögliche Lösungen. Auf diese Weise hoffe ich, Ihre eigene Kreativität anzuregen.
Da dieses Buch ein Arbeitsbuch sein soll, mit dem man die Fliesenmalerei erlernen kann, kann der Fliesengeschichte nicht der ihr wohl gebührende Raum gewährt werden. Aber ich möchte Ihnen die im Anhang vermerkten Bücher sehr empfehlen. Der Text ist von hervorragenden Experten geschrieben, und eine Fülle von Abbildungen wird Sie bis 4000 Jahre zurück nach Ägypten und Babylon führen. Die Lektüre wird den Fliesensammler vorzüglich informieren und gestaltende Hände zu eigenem Schaffen anregen.
Ein Sachwortverzeichnis am Ende des Buches wird fremde Bezeichnungen klären. Außerdem werden Lieferfirmen für die nötigen Materialien angegeben.
Möge dieses Buch Ihnen Berater sein, Nützliches mit Schönem in schöpferischer Arbeit zu verbinden.
Ich wünsche Ihnen viel Freude und Entspannung beim Fliesenmalen.

Niederländische Fliesenmalerei aus dem 18. Jahrhundert. Das Fliesenbild mit Phantasielandschaft und reich ausgestalteter Umrahmung ist mit Mangan (Violettbraun) in Unterglasurtechnik gemalt. Ich entdeckte das Bild im Heimatmuseum Zierikzee (Niederlande). Die Museumsleitung – Herr Bürgermeister E. W. Smit – war so freundlich, das Bild für dieses Buch fotografieren zu lassen. Ich danke im Namen aller, die sich über die Veröffentlichung freuen werden.
Foto: Johan D. C. Berrevoets, Zierikzee

Die Fliese als Malgrund

Die Steingutfliese

Die übliche Steingutfliese, wie sie die Wandplattenfabrik liefert, wird im Rohbrand bei etwa 1100 °C zu einem wasserdurchlässigen Scherben gebrannt und hat eine weiße, beige oder bräunliche Farbe. Anschließend wird die Fliese mit einer deckenden, weißen oder farbigen Glasur gespritzt oder übergossen und im Glattbrand bei etwa 1050 °C nochmals gebrannt. Das Ergebnis nach diesem zweiten Brand ist die handelsübliche Küchen- oder Badezimmerfliese, die in allen Fachgeschäften erhältlich ist.

Farbtöne und Oberflächenstruktur der Fliesen stehen meistens in Übereinstimmung mit den jeweils modernen sanitären Steinguteinrichtungen, wie Waschbecken, Badezimmer- und Küchenanlagen.

Für den Anfänger der Fliesenmalerei werden weiße Fliesen empfohlen, die mit Aufglasurfarben bemalt werden. Die Malerei kann beliebig oft weggewischt werden, bevor sie gebrannt ist. Die Farbskala ist sehr reichhaltig. Durch verschiedene

Unterglasurmalerei.
Auf die roh gebrannte Fliese wurde mit blauer Unterglasurfarbe gemalt, mit transparenter Glasur glasiert und bei 1050° C gebrannt

Techniken wie Übermalen und mehrmaliges Brennen bei 780 °C werden die Ausdrucksmöglichkeiten noch wesentlich erweitert.

Bei der Unterglasurmalerei malt man auf die einmal gebrannte Fliese mit Unterglasurfarben, glasiert sie dann und brennt sie zum zweitenmal. Diese Malerei kann vor dem Brand kaum korrigiert werden, weil der rohe Scherben die Farbe sofort gierig aufsaugt.

Das Glasieren und Brennen wird meist in einer Fliesenfabrik vorgenommen.

Als dritte Möglichkeit kann man mit Majolikafarben auf die einmal gebrannte, dann glasierte, aber noch nicht gebrannte Glasur malen. Im Glasurbrand bei etwa 1050 °C sinkt die Farbe tiefer in die Glasur ein als bei der Aufglasurmalerei. Die Farbskala ist jedoch – wie auch bei der Unterglasurmalerei – wesentlich eingeschränkter als bei der Aufglasurmalerei.

Über diese Techniken wird noch ausführlicher berichtet.

Die Steinzeugfliese

Im Gegensatz zur Steingutfliese fällt die Steinzeugfliese durch besondere Dichte, höhere Brenntemperaturen (1200 °C) und andere Glasuren sowie Frostsicherheit auf. Die verschrühte Steinzeugfliese kommt durch ihre spezielle Tonzusammensetzung wasserundurchlässig aus dem Rohbrand (wie Porzellan), aber nicht weiß.

Wollen Sie beim Kauf prüfen, ob es sich um eine Steingut- oder Steinzeugfliese handelt, benetzen Sie die Fliese auf der Rückseite mit einem nassen Finger; bleibt die Stelle feucht, handelt es sich um Steinzeug; die Steingutfliese saugt die Feuchtigkeit sofort auf.

Im Abschnitt über Unterglasur- und Majolikamalerei werden weitere Hinweise gegeben, die nicht übersehen werden dürfen.

Der Tukan wurde zunächst auf weiße Fliesen ohne Rot mit normalen Porzellanfarben gemalt und bei 780° C gebrannt. Da Neurot temperaturempfindlich ist, wurde es zuletzt eingesetzt und die Fliesen nochmals bei 760° C gebrannt

Diese Steinzeugfliese wurde mit der Sunshinefarbe Braun 161 232 bemalt und bei 700 °C gebrannt. Der Brennvorgang nahm fünf Stunden in Anspruch, erst nur 30% der Ofenleistung, dann 50% usw. Kritisch wird es bei 500 °C. Leider mußte ich beim ersten Steinzeugbrand bitteres Lehrgeld zahlen, weil eine große, mühevoll gemalte Steinzeugfliese in viele Stücke zerbrach

Für die sogenannte »Scheuerleiste« hat sich die Steinzeugfliese als Stoßkante gut bewährt. Dekor in Sunshinefarben Braun und Grün. Brenntemperatur 700° C

Steinzeugfliesenglasur beige wurde mit Sunshinefarben braun bemalt und bei 700° C gebrannt. Wie im Text erwähnt, ist das langsame Aufheizen sehr wichtig. Format 30 × 20 cm

Nach der Natur malen
bedeutet aber nicht,
das Objekt kopieren,
sondern Farbeindrücke
realisieren.
Cézanne

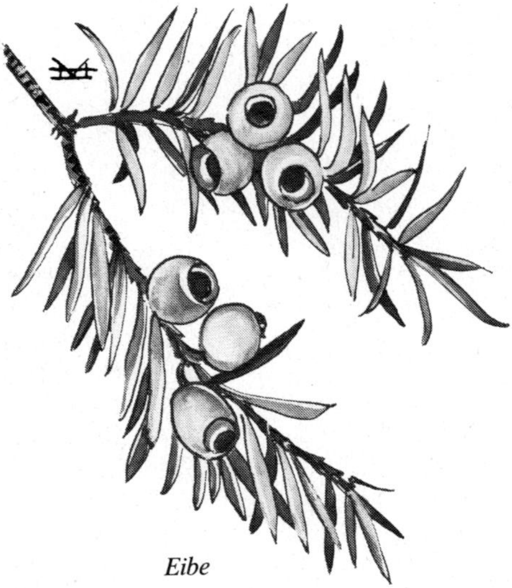

Eibe

Der Arbeitsplatz

Der Freude an handwerklicher Arbeit wird oft durch anspruchsvolle Voraussetzungen und Anschaffungen ein Riegel vorgeschoben. Zum Fliesenmalen brauchen wir keine Werkstatt. Es ist eine saubere Arbeit, die in jedem Zimmer durchgeführt werden kann.
Sie benötigen einen kleinen Tisch in Schreibtischhöhe, den Sie ans Fenster rücken und mit einer Plastikdecke zum Schutz der Tischplatte belegen. Vorteilhaft ist ein Nordfenster; das Licht sollte von vorne oder von links einfallen. Auch eine verstellbare Arbeitslampe mit ein oder zwei mattierten Glühbirnen (75 bis 100 Watt) sollte links stehen, sonst beschattet Ihre Hand die Malfläche.
Wichtig ist ein bequemer Arbeitsstuhl mit Armlehnen, nach Möglichkeit in der Höhe verstellbar.
Natürlich tragen Sie eine Schürze, die gut waschbar ist. Meine hat zwei große Taschen für die Brille und den wichtigen Mallappen, der etwa die Größe von 30 × 30 cm hat. Nach meiner Erfahrung eignen sich Schürzen aus Leinen besser als aus Perlon, von denen der Mallappen immer wieder abrutscht.
Die ölige Farbe zieht Staub und kleine Insekten an. Deshalb müssen staubaufwirbelnde Tätigkeiten im Malzimmer vermieden und abends das Fenster verschlossen werden, damit das Licht nicht Mücken ins Zimmer lockt.

Die beiden Schmetterlinge wurden auf weiße Fliesen gemalt und bei 780°C gebrannt

Aufglasurmalerei und grundsätzliche Hinweise

Farben, Öle und Material

Die Aufglasurfarben werden als Pulver geliefert. Man bewahrt sie am besten in kleinen Gläsern mit Schraubverschluß auf. Natürlich muß jedes Gefäß ein Schild mit Hersteller, Farbnummer und Farbbezeichnung tragen.

Da man von der Pulverfarbe nicht immer auf den Farbton nach dem Brand schließen kann, ist die Anfertigung einer Farbfliese wichtig. Man trägt die Farbfelder von dünn bis dick auf einer weißen Fliese auf und schreibt mit der später beschriebenen Wasserfarbe und Feder die jeweilige Farbnummer darunter. Danach wird die Fliese gebrannt und kann jederzeit durch weitere Farbproben vervollständigt werden.

Wenn Sie hellfarbige oder strukturierte Fliesen verwenden, müssen Sie eine neue Farbmusterfliese machen.

Tubenfarben haben sich nicht bewährt, weil sie leicht austrocknen oder sich das Öl am Tubenende absetzt.

Warnen möchte ich Sie vor den »Porzellanfarben«, die im Backofen »gebrannt« werden. Es handelt sich hierbei um Lackfarben, die keine Verbindung mit der Glasur eingehen.

Für die normalen weißen Fliesen können Sie die traditionellen Porzellanfarben, die in meinem Buch »Porzellanmalerei« angegeben sind, verwenden. Trotzdem möchte ich aus der großen Kollektion für »Fliesenmalerei« besonders die niedrig schmelzenden Farben empfehlen. Diese Farben eignen sich auch für Glasuren, die niedriger gebrannt werden müssen.

Degussa-Farben für den Anfänger

11 400 Hellgrün
12 485 Meißner-Türkis (blau)
13 403 Eigelb
14 155 Schwarz
16 133 Kastanienbraun
17 372 Meißner-Blumenrot
10 034 Generalfluß

Zur Erweiterung der Farbskala:

19 150 Weiß
11 523 Russisch-Grün
12 489 Dunkelblau
13 230 Elfenbeingelb
15 034 Grau
77 369 Karminpurpur
78 023 Violett

Die später erwähnten 16 »Sunshinefarben«

Heraeus-Farben
für den Anfänger:
34406 Olivgrün
34115 Blau
34335 Gelb
34888 Schwarz
34224 Dunkelbraun
34723 Rot
34000 Mischweiß

Zur Erweiterung
der Farbskala
34407 Grün
34144 Wassergrün
34415 Blaugrün
34117 Blau
34333 Gelb
34724 Eisenrot
34664 Karmin
34675 Purpur
34965 Violett

Die Vertretung der beiden Firmen ist im Anhang unter Bezugsquellen angegeben. Beide Firmen liefern auch Siebdrucköl und Unterglasurfarben.

Durch Zusatz von Ölen werden die Farben mit einer Spachtel, die vorne elastisch ist, auf der rauhen Seite einer Glasplatte angerieben. Noch feiner werden die Farben mit dem Farbreiber aus Glas oder Porzellan vermahlen. Bei größeren Farbmengen, z. B. für die Lochpalette oder für die Fondmalerei, ist der Farbreiber nur schwer entbehrlich. Früher habe ich meine Farben mit Dicköl oder Balsam-Copaiva und einigen Tropfen Nelkenöl angerieben. Seit Jahren arbeite ich nur noch mit Siebdrucköl. Die guten Erfahrungen mit diesem Malmedium – auch in meinen VHS-Kursen – haben mich bewogen, mich ganz auf Siebdrucköl umzustellen. Viele nachfolgend beschriebenen Techniken sind auch nur bei der Anmischung des Farbpulvers mit Siebdrucköl möglich.
Um die Farben für zarte Konturen und Ränder leichtflüssiger zu machen, empfehle ich der Farbe einige Tropfen Nelken-, Anis- oder Lavendelöl (Apotheke) zuzusetzen. Aber bitte nur Tropfen mit der Pipette! 15 ml Vorrat reichen lange.
Außerdem benötigen Sie etwa 250 ccm reines Terpentinöl (kein Ersatz!) aus der Drogerie, das als »Malwasser« zum Pinselauswaschen dient und bei Bedarf zum Verdünnen der Malfarbe. Zu viel Terpentin in der Farbe macht sie mager, so daß die Malerei matt aus dem Brand kommen kann. Durch zuviel Siebdrucköl wird die Farbe zu fett und neigt beim Brand zum Abspringen.
Zum Säubern der Glasplatte oder zum Wegputzen der Malerei ist Spiritus billiger als Terpentin. Der Pinsel darf aber nicht in Spiritus ausgewaschen werden, weil er sonst zu sehr entfettet und spröde wird.
Das Terpentingefäß muß aus Glas oder Porzellan sein und soll einen glatten Rand haben, um an ihm den Pinsel abzustreifen. Nach der Malarbeit deckt man das Terpentingefäß mit einem Deckel ab. Am nächsten Tag haben sich die Farbteil-

chen am Boden abgesetzt und man kann das reine Terpentin in ein anderes Gefäß abschütten und deckt es zum Schutz vor Staub und Verdunstung zu. Der Bodensatz ist natürlich unbrauchbar. Gewöhnliche Kunststoffgefäße werden von Terpentin angegriffen und deformiert.
Sie werden bei der Farbmusterfliese feststellen, daß einige Farben etwas matt aus dem Brand kommen, während andere hoch glänzend strahlen. In die matt erscheinenden Farben geben Sie dann in Zukunft eine Spachtelspitze Generalfluß 10034 (Degussa) beim Anreiben zu. Viele Farben sind untereinander mischbar.

Pinsel und Stupfer

Der Pinsel ist zum Malen das wichtigste Werkzeug, und deshalb soll man bei ihm nicht sparen! Die feinen Haare müssen gut gefaßt sein; angefeuchtet und leicht gedreht muß sich eine klare Spitze zeigen. Seitlich dürfen keine Haarspitzen wegstehen. Aber der gute Pinsel will auch sorgfältig gepflegt sein. Im Terpentingefäß soll er den Boden nicht berühren, sondern nur gespült werden. An einem nicht flusenden Batistmallappen oder einem oft gewaschenen Leinentuch wischt man den Pinsel, waagrecht drehend, vorsichtig ab.
Bei diesen kleinen Säuberungsarbeiten und auch beim richtigen Malen wird der Pinsel gleichzeitig massiert und dadurch noch geschmeidiger.
Die Farbe soll stets mit der Pinselspitze vom Rand der angemachten Farbe genommen werden, aber nicht von der rauhen Seite der Glasplatte! Ich übertrage die angeriebene Farbe auf die glasierte Seite einer Fliese, damit der Pinsel geschont wird.
Da die Porzellan-Malpinsel in Kiel oder Kunststoff gefaßt sind, müssen sie durch einen Holzstiel, der sich konisch verjüngt, verlängert werden. Das andere Ende des Stiels spitzt man mit einem Bleistiftspitzer an und benutzt es zum »Radieren« oder zum Auskratzen. Ich bewahre die ausgewaschenen Pinsel nach der Malarbeit stehend mit den Haaren nach oben in einem Becher auf. Die Pinselspitze darf nirgends anstoßen. Stülpt man ein höheres Glas darüber, werden die Pinsel auch vor Staub geschützt.
Die sogenannten Rosenpinsel sind zum Malen auf Fliesen besonders geeignet. Die Haare sind füllig gebunden, nehmen die Farbe voll auf, haben aber eine gute Spitze. Gerade auf Fliesen soll der Pinsel, richtig geführt, zeigen, was er kann.
Da Ihr Malgrund vor dem Brand immer wieder abgewischt werden kann, gönnen Sie den Pinselübungen Zeit und Ruhe. Probieren Sie die Möglichkeiten Ihres wichtigen Werkzeuges nach allen Richtungen aus. Sie werden bald feststellen, wie sehr Ihnen diese Vorübungen später zugute kommen.
Soll eine größere Fläche eingefärbt werden, so nennt man das einen Fond. Früher machte man diese Fondtechnik mit sogenannten

Wie Fingerübungen beim Instrumentenspiel sind Pinselübungen mit der ungewohnten Farbe auf dem glatten Untergrund unbedingt notwendig, um später die eigenen Ideen zu verwirklichen

Stupfpinseln, deren Haarspitzen eine Kreisfläche bilden. Man färbt den Stupfpinsel dünn mit der gut verriebenen Farbe ein und stupft die Fliesenfläche von oben nach unten. Diese Stupfpinsel sind verhältnismäßig teuer.

Mit der Erfindung des Schaumstoffes wurde auch dem Fliesen- und Porzellanmaler ein billiger Ersatz für die Stupfpinsel angeboten. In Geschäften, die Schaumstoffmatten verkaufen, fallen beim Maßschneiden mit der Spezialmaschine Streifen ab, die Sie billig oder umsonst bekommen können. Wichtig ist, daß der Schaumstoff feinporig und etwa 2 bis 3 cm dick ist. Zu Hause schneiden Sie sich die Streifen in Würfel und füllen sie locker in einen Sack. In der Waschmaschine wird der gefüllte, zugebundene Sack bei etwa 30 °C ohne Waschmittel gewaschen, um Staubteilchen auszuspülen. Auf einem Tablett gut trocknen lassen und in einer Schachtel staubgeschützt aufbewahren, so daß Sie einen jederzeit verwendbaren Vorrat an Schaumstoffstupfern haben. Es lohnt sich nicht, gebrauchte Stupfer auszuwaschen, um sie wiederzuverwenden. Sie würden mehr Spiritus vergeuden, als der Stupfer wert ist.

Während die Malpinsel eine Spitze ergeben sollen, die Stupfer eine Fläche, muß der Schreibpinsel flach gebunden sein, um damit – wie mit einer Breitschriftfeder – zu arbeiten, wie später noch näher beschrieben wird.

Kirschapfelblüte

Genie besteht aus
99 Prozent Transpiration
und 1 Prozent Inspiration.
Menzel

Zusammenfassung des Malmaterials für Aufglasurmalerei

1. *Glasplatte,* auf einer Seite aufgerauht, etwa 15 × 20 cm, zum Anreiben der Farben.
2. Eine vorne elastische *Spachtel* aus Stahl mit Holzgriff zum Anreiben der Farben.
3. *Farbreiber* aus Glas oder Steingut für größere Farbmengen. Die Unterseite muß eben und aufgerauht sein.
4. Eine *Lochpalette* aus Steingut für etwa 30 malfertig angeriebene Farben ist sehr zu empfehlen, wenn Sie die Fliesen- und Porzellanmalerei auch weiterhin betreiben wollen. Wichtig ist, daß die Palette durch eine Glasplatte staubsicher abgedichtet ist.
5. *Reibschale mit Pistill* zum Ansetzen der »Wasserfarbe«.
6. *All-Stabilostift 8008* der Schwan-Bleistiftfabrik zum Vorzeichnen auf der glatten Glasurfläche. Die Zeichnung verbrennt ohne Rückstand.
7. Kleine *Zeichenfedern* zum Zeichnen und Schreiben mit Farbe auf der Glasur, wie man sie auch zum Tuschezeichnen verwendet. Für Initialen oder ornamentale Schrift werden *Breitschriftpinsel* oder *Breitschriftfedern* benutzt.
8. *Terpentingefäß* mit glattem Rand aus Glas oder Porzellan (nicht Kunststoff!).
9. *Stupfpinsel* zur Harmonisierung kleiner Farbflächen.
10. *Schriftpinsel,* flach gebunden.
11. *Pipette,* von denen man zwei benötigt: eine für Öl und eine für Wasser.
12. *Malpinsel:* Rosenpinsel, langgebundene Pinsel und kurzgebundene Pinsel, die es in verschiedenen Stärken gibt.
13. *Stupfer aus Schaumstoff.*
14. *Farbe* – je etwa 20 g – beste Aufbewahrung im Schraubglas.
15. *Reines Terpentinöl* – etwa 100 g – zum Auswaschen der Pinsel. Keinen Terpentinersatz verwenden!
16. *Siebdrucköl* zum Anmischen des Farbpulvers.
17. *Dextrin* – etwa 20 g aus der Drogerie – zum Anmischen der »Wasserfarbe«, das heißt, Porzellanfarbe wird mit Wasser aufbereitet, und das Dextrin dient als Bindemittel, damit die Farbe auf der glatten Glasur haftet.
18. *Spiritus* zum Säubern der Palette, der Glasplatte und zum Entfernen mißlungener Malerei.
19. Nicht flusende *Mallappen* aus altem Batist oder ausgewaschenem feinen Leinen. Synthetische Stoffe sind weniger geeignet, weil sie nicht aufsaugen.
20. Eine *Plastikdecke* für den Arbeitsplatz und eine *Arbeitsschürze.*

Die wichtigsten Malutensilien im Bild

1. *Glasplatte, auf einer Seite angerauht, zum Anreiben der Farben, Format etwa 15 × 20 cm.*
2. *Spachtel, vorne elastisch.*
3. *Farbreiber aus Glas oder Steingut, die flache Unterseite angerauht.*
4. *Lochpalette aus Steingut, in der die angeriebenen Farben, durch die Glasplatte luftdicht abgedeckt, aufbewahrt werden können.*
5. *Reibschale mit Pistill zum Ansetzen der »Wasserfarbe«.*
6. *All-Stabilostift 8008 zum Vorzeichnen.*
7. *Zeichenfeder mit Halter.*
8. *Terpentingefäß aus Glas oder Porzellan, »Ohrenputzer« zum Säubern kleiner Flächen gut geeignet.*
9. *Stupfpinsel*
10. *Schriftpinsel*
11. *Pipette*
12. *Malpinsel in verschiedenen Stärken.*
13. *Stupfer aus feinem Schaumstoff.*
14. *Schraubglas mit Farbe.*
15. *Terpentin, rein.*
16. *Siebdrucköl.*

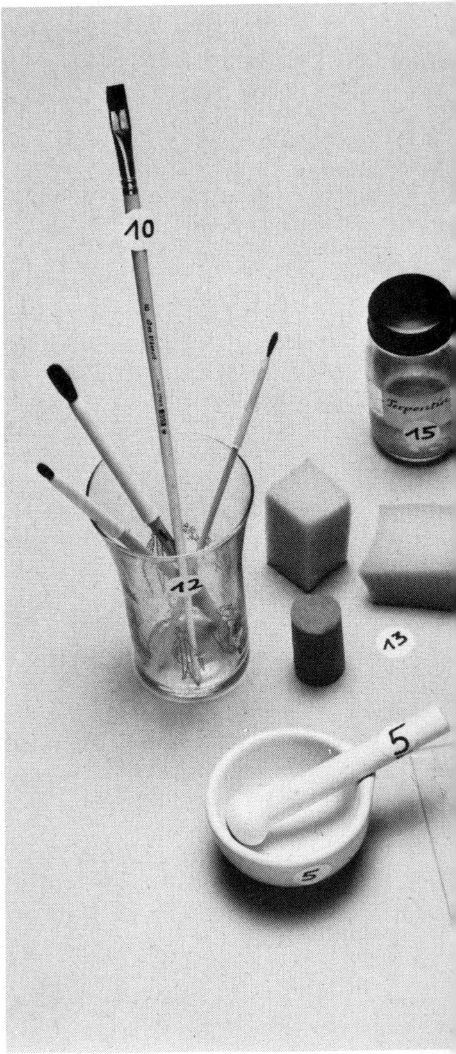

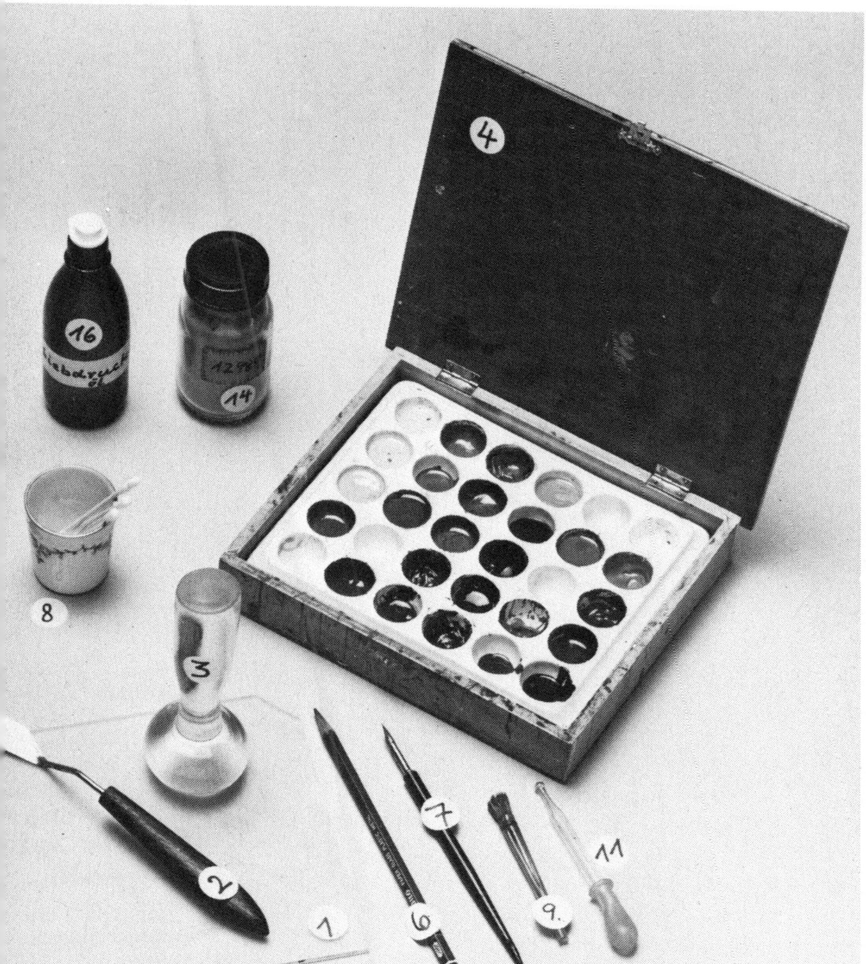
4
16
14
8
3
2
1
6
7
9.
11

Der Brennofen und Brennhilfen

Im ersten Augenblick scheint der notwendige Brennofen eine gewisse Hürde zu sein. Aber bei einiger Überlegung ergeben sich mancherlei Möglichkeiten. In größeren Städten gibt es Lohnbrennereien, zu denen man die gemalten Fliesen bringen kann. Aber auch die meisten Schulen verfügen über einen Brennofen, und inzwischen hat auch mancher Hausmaler privat seinen kleineren oder größeren elektrischen Brennofen. Auch die Emaille-Brennöfchen können zum Fliesenbrennen benutzt werden. Allerdings fehlt bei diesen meist eine Entlüftungsvorrichtung, die bei Porzellan- und Keramik-Brennöfen zum Abzug der Dämpfe vorhanden ist. Deshalb muß die Türklappe bis etwa 500 °C ab und zu einen Spalt geöffnet werden, damit die Öldämpfe entweichen können.

Tonwaren und Fliesen dürfen nicht gleichzeitig gebrannt werden, aber das ergibt sich schon aus den unterschiedlichen Brenntemperaturen.

Zum Einlegen der Fliesen eignen sich als Brennhilfe Fliesenkassetten aus Schamotte. Diese werden vor allem für Fliesen mit den Abmessungen 15 × 15 cm verwendet.

Im Unterschied zum Porzellanbrennen dürfen Fliesen nicht mit Dreifüßen aufgebaut werden. Es handelt sich um Steingut, da würden die Dreifüße in der Glasur festbrennen.

Früher legte man Fliesen mit sogenannten »Fingerhüten« in den Brennofen ein, aber die Kassetten für 6 bis 10 und mehr Fliesen sind viel praktischer.

Wichtig ist, daß die Fliesen nach dem Brand nicht zu heiß aus der Muffel herausgenommen werden, sonst ergeben sich leicht Glasurrisse und Sprünge. Zähmen Sie Ihre Ungeduld!

Die normale Steingutfliese mit Aufglasurmalerei wird bei 780 °C gebrannt. Das Erreichen dieser Grenztemperatur und auch die Abkühlung richten sich nach der Ofengröße. Das Aufheizen muß bei empfindlichen Fliesen nach und nach geschehen, wie später bei der Behandlung der Steinzeugfliese beschrieben wird.

Hat man ausgefallene Fliesen, kann es passieren, daß nach jedem Brand zwei bis drei in der Mitte der Kassette aufliegende Fliesen gesprungen sind. Um das zu vermeiden, muß man in Zukunft diesen Fliesentyp mit Schamotteböckchen, die durch Schamottestangen verbunden werden, in den Brennofen einlegen. Dann liegen die Fliesen nicht nur an den Kanten auf, sondern werden auch in der Mitte unterstützt. Ebenso verfährt man bei Fliesen, die von dem Normalformat 15 × 15 cm abweichen.

Vor dem Einlegen kehrt man den Brennofen jedesmal gründlich aus.

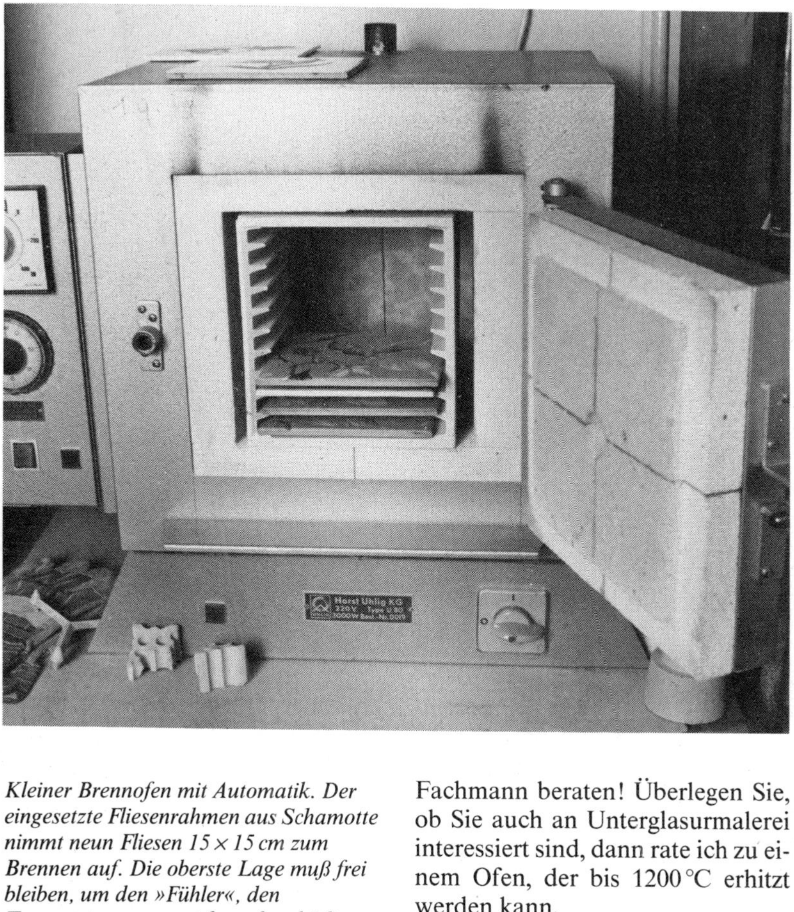

Kleiner Brennofen mit Automatik. Der eingesetzte Fliesenrahmen aus Schamotte nimmt neun Fliesen 15 × 15 cm zum Brennen auf. Die oberste Lage muß frei bleiben, um den »Fühler«, den Temperaturmesser, nicht zu beschädigen

Ist der Ofen gefüllt und die Tür zugeriegelt, kann der Brennprozeß beginnen.

Es gibt viele Ofentypen und verschiedene Konstruktionen. Lassen Sie sich vor dem Kauf von einem Fachmann beraten! Überlegen Sie, ob Sie auch an Unterglasurmalerei interessiert sind, dann rate ich zu einem Ofen, der bis 1200 °C erhitzt werden kann.

Der Brennofen mit Pyrometer und Automatik ist natürlich sehr angenehm, denn Sie stellen Temperatur und Brennzeit ein und können ruhig zu Bett gehen. Das Brennen und Abschalten vollzieht sich automatisch. Aber gerade die Automatik kostet bei den kleinen Öfen fast soviel wie der Ofen selbst. Wollen Sie auf die Automatik verzichten, arbeiten Sie mit dem Segerkegel. Prof. Seger war Chemiker und Keramiker und hat unter anderem den Segerkegel erfunden, den es für alle Brenntemperaturen gibt. Er ist jeweils so zusammengesetzt, daß er bei der gewünschten Temperatur umsinkt. Dazu ist es nötig, ihn auf einen Schamotteständer mit etwas feuchtem Schamottemehl so anzubringen, daß er durch das Schauloch des Ofens zu beobachten ist und beim Fallen keine Fliese beschädigen kann. Mit einer Taschenlampe, die man in den Ofen legt, kann man feststellen, ob der Segerkegel durch das Schauloch gut beobachtet werden kann. Natürlich muß man die Taschenlampe vor Beginn des Brennprozesses aus dem Ofen entfernen! Während des Brennens beginnt die Muffel zu glühen, so daß sie genügend Licht gibt und durch das Schauloch das Umfallen des Segerkegels kontrolliert werden kann.

Zur Orientierung gebe ich einige Kennwerte der Segerkegel wieder:

Kegel Nr.	für °Celsius
017	730
016	755
015 a	780
014 a	805
013 a	835
012 a	860

Wenn man ohne Automatik arbeitet, empfehle ich, den Brennofen um etwa 21 Uhr einzuschalten, weil zu dieser Zeit die Netzbelastung geringer ist; dann wird die Brennzeit bis zur gewünschten Brenntemperatur, an der der Segerkegel umfällt, notiert und dann abgeschaltet.

Nach einigen Bränden werden Sie feststellen, daß die Brenndauer jeweils ziemlich gleich ist. In Zukunft können Sie dann ohne Segerkegel arbeiten, vorausgesetzt, daß jedesmal die Fliesenzahl etwa gleich ist und auch die Zeit der Einschaltung.

Den Abzugsschieber des Ofens lasse ich während des ganzen Brennvorganges offen, damit die Öldämpfe abziehen können. Der Schieber muß bis mindestens 500 °C offenbleiben, sonst schlagen sich die Öldämpfe auf der Malerei nieder, und die Farben kommen matt aus dem Brand.

Segerkegel 015 a für 780 °C
Segerkegel 016 für 755 °C
nach einem Brand bis 755 °C

Diese graue Fliese hat in der Glasur eine Craquelé-Imitation. Nach gelungenem Probebrand wurde sie mit normalen, niedrig schmelzenden Porzellanfarben bemalt und bei 760°C gebrannt

Der Ofen mit dem Brenngut muß langsam abkühlen. Sechs Stunden sollten mindestens zwischen Abschalten und Öffnen des Ofens liegen. Dann wird er erst einen Spalt weit geöffnet und nach und nach immer etwas mehr.

Wie glänzend leuchten jetzt die vorher matten Farben! Natürlich gibt es auch Enttäuschungen, in eine gelbe Tulpe hatte man vielleicht rote Streifen gemalt, die jetzt von der gelben Farbe aufgeschluckt wurden. Das Rot kann für einen zweiten Brand ergänzt werden.
Die Farben sind nach dem Brand in die Glasur eingesunken und lassen sich nicht mehr entfernen, ohne die Glasur zu verletzen.

Malen mit »Sunshinefarben«

Für die Fliesenmalerei sind neben den normalen Porzellanmalfarben die Sunshinefarben (Fa. Degussa) sehr gut geeignet. Es gibt 16 Farbtöne, die mit dem Siebdruckmedium 80654 angerieben werden. Dieses Malmittel ist leichtflüssiger als Siebdrucköl. Die Pinsel können in Terpentin, aber auch in Wasser ausgewaschen werden.
Da diese Farben – je nach Glasur – bei 700 bis 800 °C ausschmelzen, eignen sie sich besonders für Steingut und für Glasuren, die nicht so hoch gebrannt werden dürfen.

Der große Vorteil, daß diese Farben mit Wasser anstelle von Terpentin verarbeitet werden können, ist für alle Allergiker wichtig, deren Haut sich durch Arbeiten mit Terpentin entzündet. Aber nicht nur manche empfindliche Haut reagiert nachteilig auf Terpentin, sondern auch etliche Fliesenglasuren. Selbstverständlich müssen die Pinsel gekennzeichnet werden, die in Wasser bzw. in Terpentin ausgewaschen wurden. Arbeitet man mit Wasser, können auch normale Aquarellpinsel verwendet werden.

Steinzeugfliese mit beigefarbiger Glasur, blaugrün und braun bemalt, Format 20 × 20 cm. Brenntemperatur 700° C

Die längliche Fliese hat eine gelbliche, seidenartig schimmernde Glasur, die andere eine mehr rustikale Form und graue Oberfläche. Hier sind Farb- und Brennproben unvermeidlich. Ich wählte auch hier die Sunshinefarben und brannte bei 740° C

Es ist sehr wichtig, daß Sie in die Farbe nicht zuviel Wasser einmischen, sonst kommt die Malerei matt aus dem Brand.
Für Fliesenglasuren, die nicht so hoch gebrannt werden dürfen oder durch das Malen mit Terpentin angegriffen werden, bedeuten die Sunshinefarben eine wesentliche Verbesserung.

Auf einer wie Perlmutt schimmernden Glasur wirkt der Eukalyptuszweig mit dem farbenfrohen Schmetterling ganz exotisch

Das nächste Ziel
mit Lust und Freude
und aller Kraft zu verfolgen
ist der einzige Weg,
das Fernste zu erreichen.
Hebbel

Malerei mit Sunshinefarben auf Craquelé-Fliesen ohne Terpentin

Malen bedeutet,
Farbempfindungen
registrieren und sie
organisieren. –
Beim Malen müssen sich
Augen und Gehirn
gegenseitig unterstützen,
man muß an ihrer Ausbildung
arbeiten durch logische
Entwicklung von
Farbeindrücken.
Cézanne

Goldregen

Die Lochpalette

Wer nur gelegentlich malt oder nur einfarbig malen will, dem genügt es, wenn er die angerührten Farben auf einer Fliese aufbewahrt. Gegen Staub und kleine Insekten wird die Farbe durch einen darüber gestülpten Teller geschützt. Ein bis zwei Tage ist die Farbe so vor Austrocknung gesichert.
Wollen Sie sich aber intensiver mit der schönen Fliesen- oder Porzellanmalerei befassen und auch farbig malen, dann ist auf die Dauer eine Lochpalette zu empfehlen. Sie ist aus Steingut und hat beispielsweise 30 halbkugelförmige Vertiefungen, in denen man die angemachte Farbe für längere Zeit aufbewahren kann. Wesentlich ist, daß die Farben nur mit Siebdrucköl ohne Terpentin angemischt sind. Manche Lochpaletten haben einen Steingutdeckel. Nach meiner Erfahrung ist es besser, die Farben mit einer dicken Glasplatte abzudekken, um sie vor Staub und Austrocknen zu schützen. Am praktischsten ist eine Glasplatte, die einseitig aufgerauht ist und zum Farbenanreiben benutzt werden kann.
Vor dem Malbeginn müssen die Farben mit der Spachtel gut aufgerührt werden, denn das Öl setzt sich immer wieder an der Oberfläche ab. Selbstverständlich muß die Lochpalette bei einem Transport immer waagerecht liegen. Wenn man nicht einfarbig malen will, braucht man oft nur eine Pinselspitze voll Gelb für die Staubgefäße, oder ein wenig Blau, um dem Purpur einen lila Schimmer zu geben. Hierfür ist die Lochpalette eine unentbehrliche Grundlage, um zügig zu malen.
Zum Fondstupfen muß die Farbe immer neu angerieben werden. Erstens braucht man ohnehin mehr Farbe und zweitens wird die Fondfarbe mit etwas Terpentin vermischt und ist besonders empfindlich gegen Staub.

Porzellanfarbe mit Wasser angesetzt

Die Porzellanfarben können auch mit Wasser angerieben werden. Hierfür benötigt man ein Klebemittel, z. B. Dextrin (20 g, aus der Drogerie), damit die Farbe auf der glatten Glasuroberfläche haftet. Ich mische etwa zwei Teelöffel Farbpulver mit knapp einem halben Löffel Dextrin in einer Reibschale mit dem Stößel und gebe mit der Pipette etwas Wasser zu. Diese Farbmischung ist lange haltbar, und es lohnt sich, gleich mehr anzureiben. Mit einer Plastiktüte kann die Farbe vor Staub geschützt werden und, wenn sie eingetrocknet ist, jederzeit mit Wasser wieder aufgerührt werden. Jede Farbe ist auch als »Wasserfarbe« verwendbar. Aber da die Farbe in der Reibschale bleibt, sollte man sich überlegen, ob vielleicht Kastanienbraun für viele Gelegenheiten paßt.

Diese Farbmischung eignet sich besonders zum Zeichnen mit der Feder, z. B. zur Betonung der Kontur, zum Signieren auf der Rückseite der Fliese, für Monogramme und Widmungen. Die Feder soll beim Eintauchen nicht auf den rauhen Reibschalenboden aufstoßen, sonst stumpft sie schnell ab. Die Farbe muß immer wieder mit dem Pistill aufgerührt werden, weil sich das Wasser oben absetzt.

Sehr wichtig ist es, die Farbmischung auf ihr richtiges Verhältnis hin genau zu prüfen; sie stimmt dann, bis sie aufgebraucht ist. Mit dem Stößel verreibt man als dicken Brei Farbe, Dextrin und Wasser. Sind alle Farbkörnchen verrieben, wird mit der Pipette noch Wasser zugegeben, verrührt und eine Probe gemacht.

Mit der sauberen Zeichenfeder taucht man ein und kritzelt auf eine fettfreie Fliese. Läuft die Farbe nicht aus der Feder, ist sie noch zu dick. Reißt der Strich dauernd ab, ist die Farbe ebenfalls zu dick oder sie enthält zuviel Dextrin. Im letzteren Fall muß noch Farbe und Wasser zugegeben werden. Läuft die Farbe gut, zeichnet man auf eine Fliese, wartet einige Minuten und geht leicht mit dem Finger darüber. Wird die Farbe verwischt, so ist zuwenig Dextrin enthalten, was leicht nachzuholen ist. Das müssen Sie also ausprobieren.

Aber dann ist Ihre »Wasserfarbe« auch für immer in Ordnung. Wird diese Federfarbe in zu dicker Konsistenz aufgetragen, springt sie beim Brennen ab. Sie muß fast so flüssig wie Tusche sein.

Ich habe die Aufbereitung der »Wasserfarbe« deshalb so ausführlich beschrieben, weil die Erfahrungen in meinen Malkursen ergeben haben, daß all diese Kleinigkeiten beachtet werden müssen, wenn man Enttäuschungen vermeiden will.

Mit dieser »Wasserfarbe« können

Sie auch malen, das wirkt gerade auf Fliesen sehr flott, natürlich mit Aquarellpinseln, die nicht mit Öl in Berührung kamen.
Bei Motiven, deren Zeichnung besonders wesentlich ist, z.B. bei Wappen, Schmetterlingen, Käfern u.a., ist es vorteilhaft, erst die Federzeichnung zu machen. Diese Federzeichnung können Sie erst brennen oder auch gleich mit Ölfarbe kolorieren. Auf ungebrannter Ölmalerei können Sie die »Wasserfarbe« natürlich erst nach dem Brand verwenden.

Bevor Du zu malen beginnst,
mußt Du Herz, Hand und
Gedanken in die Pinselspitze
fließen lassen.
Hokusai

Forsythia

Taglichtnelke

Niemand weiß,
wie weit seine Kräfte gehen,
bis er sie versucht hat.
Goethe

Erste Malversuche

Für die ersten Malversuche nehmen Sie eine Spachtelspitze Farbpulver, z. B. Meißner-Blumenrot, auf die rauhe Seite der Glasplatte und einige Tropfen Siebdrucköl. Mit der Spachtel wird das Gemisch verrieben bis keine Farbkörnchen mehr sichtbar sind. Noch besser ist es, wie die Bilder zeigen, die Farbe mit dem Farbreiber in kreisenden Bewegungen mit dem Öl zu vermischen. Immer wieder wird die Farbe mit der Spachtel zur Mitte der Glasplatte zusammengeschoben. Bei strengflüssigen Farben (z. B. Blau, Olivgrün) mischt man eine Spachtelspitze Generalfluß mit ein.

Zur Schonung des Pinsels wird die Farbmischung mit der Spachtel von der rauhen Glasplatte auf eine saubere Fliese übertragen. Farbe und Terpentingefäß stets auf die rechte Seite stellen. (Bei Linkshändern natürlich umgekehrt.)

Die zu bemalende weiße Fliese liegt vor Ihnen mit einer glatten, undurchlässigen Glasur. Damit ergeben sich wesentliche Unterschiede zur Aquarellmalerei auf saugfähigem Aquarellpapier. Der Pinsel wird in Terpentin gut ausgewaschen, aber stets am Mallappen erst vorsichtig drehend abgetupft, ohne die Pinselhaare zu knicken. Dann nehmen Sie mit dem Pinsel etwas Farbe vom Rand des Häufchens. Ist das Gemisch zu zäh, geben Sie noch einen Tropfen Siebdrucköl und Terpentin dazu, damit die Farbe geschmeidig wird. Vermischen Sie stets mit der Spachtel, nicht mit dem Pinsel!

Da Sie die Malerei, solange sie noch nicht gebrannt ist, immer wieder abwischen können, malen Sie lustig und ungehemmt darauf los. Zunächst Pinselübungen, wie sie die Musterfliese zeigt. Aus der frisch gemalten Farbe können Sie mit sauberem und am Lappen abgetupften Pinsel noch Helligkeiten herausholen, aber ganz sanft, so daß immer noch ein Farbhauch stehenbleibt. Diese Pinselübungen werden Sie später als sehr nützlich und wesentlich erkennen, um dann zu malen, was Ihnen vorschwebt.

Bitte malen Sie nicht zu dick, die Farbe soll – wie beim Aquarellieren – durchscheinend wirken. Der Pinselstrich soll bewußt sichtbar sein und z. B. bei einem Blatt das Gewachsensein nachbilden. Das Tulpenblatt wird längs gemalt, damit das Streifenblatt erkennbar wird. Das Blütenblatt einer Heckenrose malt man von außen zu den Staubgefäßen hin, im Mittelfeld mit leichtem Druck, das ergibt Helligkeit. Gebrauchen Sie nicht zu dünne Pinsel, sondern malen Sie flächig, z. B. mit dem Rosenpinsel. Gerade bei der Fliesenmalerei soll mehr ein keramischer Stil angestrebt werden.

Die Pulverfarbe wird mit der sauberen Spachtel, die immer ganz trocken sein muß, auf die Glasplatte gegeben und mit einigen Tropfen Siebdrucköl vermischt

Die mit der Spachtel angemischte Farbe wird mit dem Farbreiber fein gerieben

Der Farbreiber muß bei manchen Farben länger kreisen, z. B. bei Blau und Purpur; dazwischen wird die Farbe mit der Spachtel immer wieder zur Mitte zusammengehäuft

Zeigen sich keine Farbkörnchen mehr, wird der Farbreiber mit der Spachtel gesäubert, die Farbe zur Mitte zu einem Häufchen zusammengeschoben und in ein Loch der Lochpalette gefüllt

Nach den ersten Malversuchen fällt Ihnen sicher ein bestimmtes Motiv ein, das Sie malen möchten. Nehmen Sie eine neue Fliese, die Sie vorher mit Spiritus gesäubert haben. Mit dem All-Stabilostift skizzieren Sie sich dünn Richtung und Verteilung auf. Vielleicht besitzen Sie auch ein altes, handgemaltes Stück, das Sie kopieren möchten. Die durch mechanische Verfahren hergestellten Dekore eignen sich nicht als Vorlage.

Achten Sie auf Helligkeiten, die Sie durch stärkeren Druck des Pinsels erreichen, während dunklere Schattierungen besser für die Übermalung nach dem ersten Brand aufgehoben werden. Liegt die Farbe zu dick, ist die Gefahr des Abspringens beim Brand gegeben.

Die meisten Farben können gemischt werden, z. B. Grün mit Gelb oder Braun, Purpur mit Blau ergibt Lila.

Zum Schutz vor Staub und kleinen Insekten wird die bemalte Fliese auf einem sauberen Kuchenblech im Küchenbackofen bei niedrigster Wärmestufe und geöffnetem Klappenspalt getrocknet. Nach etwa 15 Minuten ist die Farbe nicht mehr staubempfindlich. Nachdem die Fliese abgekühlt ist, können Sie noch da und dort kleine Korrekturen vornehmen. Ein Blatt kann mit dem angespitzten Pinselstiel ausgeglichen werden. Auch Staubgefäße kratzt man besser aus der trockenen Farbe heraus.

Achten Sie auf zufällige Fingerabdrücke oder Farbspritzer, bevor die Fliese der hohen Temperatur im Brennofen übergeben wird. Hält man die Fliese schräg gegen das Licht, lassen sich Unsauberkeiten besser erkennen.

Müssen Sie die Fliesen zum Brennen verpacken, ist zu empfehlen, die Malerei mit Cellophan abzudecken und die Fliese in weichem Papier zu verpacken. Die Malerei ist gegen Kratzer empfindlich. Man kann auch einen Teller überstülpen und mit Tesafilm festkleben.

Nach dem ersten Brand sind meist noch Verbesserungen möglich. Da und dort wird die Farbe noch dunkler schattiert oder eine Kontur betont.

Durch das Übermalen und den zweiten Brand gewinnt die Malerei meist sehr an Ausdruckskraft.

Fliesenmalen in fröhlicher Gemeinschaft

Bevor wir nun weitere Maltechniken behandeln, möchte ich zur Anregung einige Vorschläge zur Fliesenmalerei als Freizeitbeschäftigung bringen. Schon öfters malten wir als besondere Überraschung bei einer Kindereinladung, so auch in Wunsiedel. Die Bilder zeigen hübsche und ganz unterschiedliche Ergebnisse. Sogar Klein-Henning »malt« ein Geburtstagsgeschenk! Wenn alle Kinder malen, muß er auch dabeisein. Die mit Porzellanfarbe mit einem Stupfer benetzte Hand setzt seinen unverwechselbaren »Glückwunsch« auf eine Fliese zum Gaudium der übrigen schon so großen Malkinder.

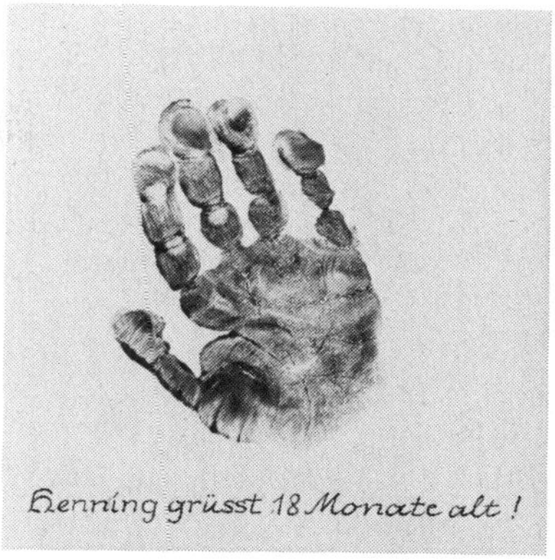

Fliesenmalerei bei einer Kindereinladung in Wunsiedel
Foto: Junker, Wunsiedel

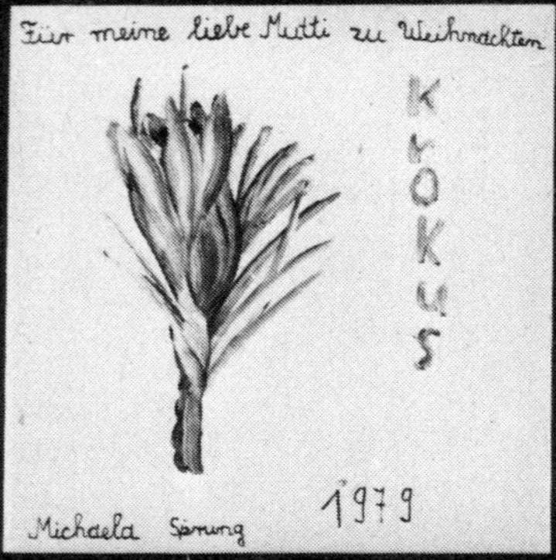
Für meine liebe Mutti zu Weihnachten
KROKUS
Michaela Spinnung
1979

BERNHARD STERZBACH
11/79

Manuela Wächter

KOMMU-
NIKATION
6
OLiver
KRAUSE
Wun 20.11.79

20. 11. 79
M.W.

Ein anderes Beispiel für gemeinsame Fliesenmalerei: Kinderkreis im evangelischen Gemeindezentrum Koblenz-Karthause im Dreifaltigkeits-Haus. Die Kursleiterin, Frau von Stengel, einigte sich mit den Kindern auf das Thema Fische. Da die Gemeindeküche neu verfliest wurde, fanden die schönsten bemalten Fliesen eine reizvolle Verwendung, wie die Abbildung zeigt. Freude und Ansporn für alle Beteiligten

Ergebnisse der Fliesenmalerei in Wunsiedel

Der Koblenzer »Kreis-Club Behinderter und ihrer Freunde« nahm das Angebot, einen Malkurs abzuhalten, gerne an. Gerade die flache Fliese erwies sich als besonders geeignete Malfläche. Manche Behinderte konnten keinen Pinsel halten. Das brachte uns auf die Idee, runde Schaumstoffstupfer, die oft in Pillendosen eingelegt sind, mit Farbe zu benetzen und auf der Fliese anzuordnen. Oder z. B. die Fliese zu stupfen und ein Dekor mit dem Fingernagel oder dem Pinselstiel auszukratzen

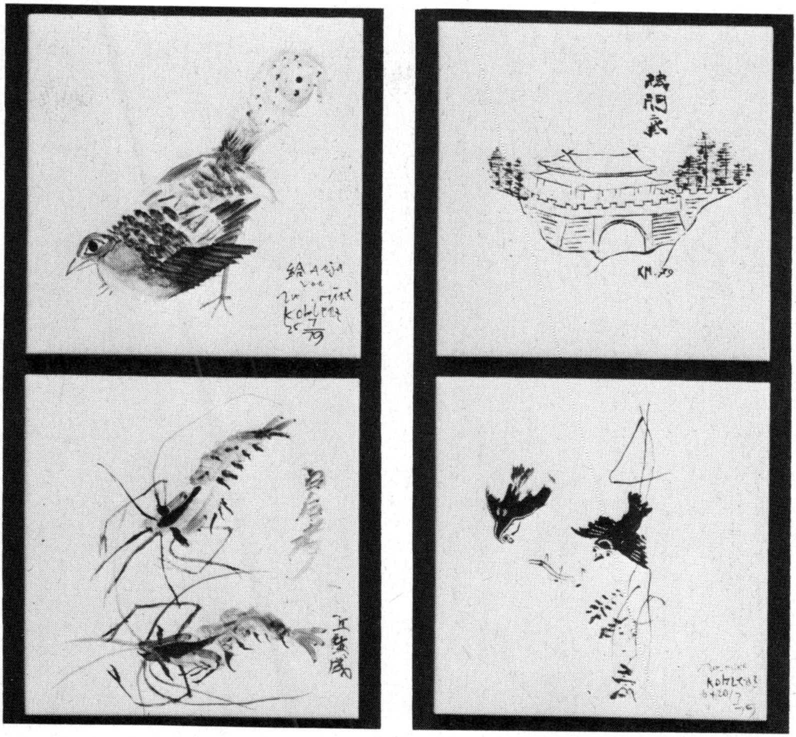

Diese asiatischen Motive wurden von Asiaten gemalt, und ich meine, das sieht man den Malereien an. Flüchtlinge aus Vietnam luden wir zu Fliesenmalabenden ein, und das gemeinsame Tun wurde zur Brücke der Verständigung, trotz sprachlicher Schwierigkeiten

Laelia anceps Ldl.

Seit Jahren gebe ich Kurse in Fliesen- und Porzellanmalerei an der Volkshochschule Koblenz. Manche Teilnehmer haben längst ihr eigenes Brennöfchen. Die Abbildungen zeigen abwechslungsreiche Lösungen der gestellten Aufgabe, eine Fliese zu bemalen

Die Porzellan-Fliesenmalkurse der Volkshochschule in Koblenz zeigen Variationen der Fliesenbemalung

Unten:
Erfreulicherweise ließ es sich auch eine »Schülerin«, die am weitesten entfernt wohnt, nämlich in Tasmanien/ Australien, nicht nehmen, zwei Fliesen für unser Buch zu malen und über den Ozean zu schicken

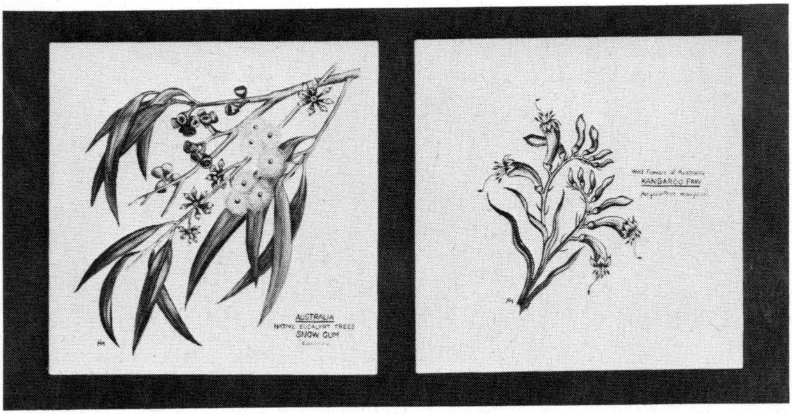

Eine meiner Kursteilnehmerinnen gab ihrer neuen Küche mit selbstgemalten Fliesen eine persönliche Note

Besondere Maltechniken

Malen auf farbige Fabrikfliesen

Die Wandplattenfabriken bieten eine Fülle farbig getönter Fliesen an, deren Oberfläche oft noch strukturiert ist. Für die weitere Bemalung eignen sich natürlich nur hellfarbige Fliesen, weil Porzellanfarben, nicht deckend sind. Als Beispiel bringe ich eine türkisgrüne Fliese, die mit Schwarz bemalt wurde.

Auf die beigefarbenen, leicht senkrecht strukturierten Fliesen wurde mit Kastanienbraun über je zwei Fliesen gemalt. Sie wurden als Auflockerung in eine braune Fliesenfläche eingesetzt. Diese braunen Fabrikfliesen sind farblich ungleichmäßig glasiert, das bringt Bewegung in die Fläche.

Der Fliesenhändler führt ein breites Angebot von verschiedenen Firmen und kann meist keine Auskunft darüber geben, wie auf der Fliese eine zusätzliche Bemalung wirken wird und wie sie den Aufglasurbrand übersteht. Deshalb versäumen Sie bei solchen Fabrikfliesen nicht, einen oder mehrere Probebrände durchzuführen, um die Farben und die Temperaturhöhe auszuprobieren.

Der handgestupfte Fond

Das Grundieren einer größeren Fläche mit Farbe nennt man Fondstupfen. Wie schon beschrieben, werden in den Fabriken getönte Fliesen mit farbiger Glasur glasiert oder mit der Spritzpistole oder ähnlichen Vorrichtungen eingefärbt. Dabei wird eine völlig homogene Farbfläche erreicht. Der handgestupfte Fond dagegen, der – wie schon erwähnt – mit Schaumstoff gestupft wird, wirkt trotz der erwünschten Gleichmäßigkeit lebendig. Einige Abbildungen sollen den Werdegang eines Tisches aus sechs Fliesen verdeutlichen.

Die Fondfarbe Seladongrün wird mit Siebdrucköl auf der rauhen Seite der Glasfläche angerieben und einige Tropfen Terpentin zugegeben, damit sie nicht zu dickflüssig und zu ölhaltig wird. Man reibt reichlich Farbe an, weil eine Unterbrechung des Stupfens, um neue Farbe zu bereiten, die schon gestupfte Fläche antrocknen läßt, so daß unfehlbar eine Trennlinie zu der neu angemachten Farbe die Folge wäre. Stupft man einen Fliesentisch, braucht man eine ganze Menge Fondfarbe, die kaum mit einer Anmischung zu bewerkstelligen ist. Man muß dann auf jeden Fall mit dem neuen Farbansatz auf der nächsten Fliese beginnen.

Die von der Maschine geschnittene Seite des Stupfers wird vor der Arbeit mit ein paar Tropfen Terpentin angefeuchtet (nicht eingetaucht), damit der Stupfer nicht gleich zuviel Farbe aufsaugt. Dann setzt man von oben nach unten, immer aus

Wenn ein defektes Wasserrohr das Herausschlagen einiger elfenbeinfarbener Fliesen nötig macht, dann muß die malende Hausfrau schnell handeln. So wurden türkisgrüne Fabrikfliesen mit Schwarz bemalt, gebrannt und nach wenigen Tagen eingesetzt

der gleichen Höhe, auf der Fliese Farbtupfer neben Farbtupfer. Ist die ganze Fliese gefärbt, müssen Ansatzlinien, Wolken und Ungleichmäßigkeiten durch mehrmaliges, leichtes Überstupfen ausgeglichen werden.

Oft benötigt man einen neuen Stupfer, weil der erste zu stark mit Farbe vollgesogen ist. Die Fondfarbe darf nicht zu dick aufliegen, weil sie sonst beim Brand abspringt. Wenn z. B. zuviel Terpentin enthalten ist, wird die Fläche nicht gleichmäßig. Das rechte Maß ist das Ergebnis der Übung, des Gefühls und der Erfahrung.

Sehr wichtig zu wissen ist, daß der Fond Staub anzieht. Nach dem Trocknen im Backofen soll der Fond matt aussehen.
Stellen Sie fest, daß der Fond nach dem Trocknen viele kleine Pünktchen zeigt, so ist das Staub oder unzerriebene Farbe. Beides ist Grund genug, den Fond mit Spiritus abzuwaschen. Natürlich gibt es Farben, die sich besonders gut stupfen lassen, z.B. Meißner-Rot, Gelb u.a., während die Blautöne und Purpur ihre Mucken haben. Da hilft nur Übung. Strengflüssige Farben müssen durch Zusatz von Generalfluß leichtflüssiger gemacht werden. Das gilt ganz besonders beim Grundieren.

Je zwei elfenbeingelbe, leicht strukturierte Fabrikfliesen wurden in Braun bemalt und zur Aufhellung in eine braune Fliesenwand eingefügt

Bei dieser länglichen Fliese spielt der breite Pinsel mit schwarzer Farbe. Nach dem Brennen wurde sie mit Neurot gestupft und bei 760°C gebrannt

Anlegen eines Fonds, Arbeitsgang für den Fliesentisch mit Buchenzweig. Zunächst reibe ich reichlich Farbpulver, in diesem Fall Seladongrün, mit Siebdrucköl und einigen Tropfen Terpentin an. Gerade für den Fond muß sehr sauber gearbeitet und die Farbe sehr gut gerieben werden. Dann feuchte ich den Schaumstoffstupfer mit einigen Tropfen Terpentin etwas an und nehme vom Rand Farbe auf

Ich stupfe die Fliese, wie das Bild zeigt, bis die ganze Fläche eingefärbt ist

Ist die ganze Fläche eingefärbt, müssen die Ungleichmäßigkeiten ausgeglichen werden. Eventuell muß ein neuer Stupfer eingesetzt werden, wenn der erste zu stark mit Farbe vollgesogen ist

Da die Farbe schnell antrocknet, muß das Stupfen zügig vor sich gehen. Ist der Fond gleichmäßig, lege ich die Fliese auf ein sauberes Backblech und trockne den Fond bei niedrigster Temperatureinstellung im Backofen. Nicht vergessen, die Ofenklappe einen Schlitz offenzuhalten, damit die Öldämpfe abziehen können. Nach etwa 15 Minuten ist die Farbe trocken. Die Weiterentwicklung der Fliesenkombination lesen Sie im Kapitel »Reservierung mit dem Pinselstiel«

Malen auf handgestupftem Fond

Wählt man weiße Fliesen und einen hellen Fond, der nicht zu dick gestupft sein darf, kann dieser nach dem Brand mit dunkler Farbe bemalt werden, z. B. gelber Fond nach dem Brand mit Braun oder Schwarz bemalt, wirkt sehr gut. Ob man nun Blumen, Tiere oder Ornamente wählt, die Malerei muß durch klare Linienführung einen fast graphischen Charakter bekommen und den Fond immer wieder durchschimmern lassen. Wird zu dick gemalt, besteht die Gefahr des Abspringens während oder nach dem Brand.

Die oberste Fliese wurde mit Gelb gestupft und gebrannt. Auf den Fond wurde der Zweig mit Kastanienbraun gemalt und wieder gebrannt

Das Dekor der mittleren Fliese wurde aus dem getrockneten, dunkelgrünen Fond mit dem Pinselstielende herausgekratzt (Reservierung). Nach dem Brand wurde mit Hellgrün und Gelb ausgemalt und nochmals gebrannt

Auf die unterste Fliese wurde mit Kastanienbraun auf die weiße Glasur gemalt und nach dem Brand die Fliese mit Wassergrün ganz überstupft und gebrannt

Fond auf Fliesen eignet sich z. B. nicht für Untersetzer, denn der rauhe Rand der Kaffeekanne wird im Laufe der Zeit den Fond abschaben, d. h., es wird die oberste Glasurschicht abgenutzt, was bei Fond besonders unangenehm auffällt. Die Fondmalerei auf Fliesen ist mehr für Fliesenbilder geeignet oder für Tische, die nicht allzu stark strapaziert werden.

Malen unter Fond

Eine sehr zarte und weiche Wirkung des Dekors erzielen Sie, wenn die weiße Fliese z. B. mit einem Motiv in Braun oder Schwarz nicht zu dick bemalt wird. Nach dem Brand wird sie mit transparenter (durchscheinender) Farbe gestupft.

Die meisten hellen Farben erfüllen diese Bedingung; aber es ist besser, vorher einen Versuch zu machen, da manche Farben leicht deckend sind, so daß das Dekor milchig aus dem Brand käme, z. B. mit Eigelb. Geeignet sind z. B. Elfenbeingelb, Helltürkis und Meißner-Rot. Wesentlich ist auch, daß die Fondfarbe dünn aufgestupft wird, damit sie nach dem Überstupfen im Brand nicht abspringt.

Der Bilderrahmen wurde schwarz bemalt, gebrannt und mit Korallrot gestupft. Eine fröhliche Umrahmung für den kleinen Enkel

Reservierung mit dem Pinselstiel

Auf den im Backofen getrockneten Fond können Sie mit dem All-Stabilostift ganz leicht einige zarte Konturen für die weiß bleibenden Flächen angeben, die ausgekratzt werden sollen. Mit dem Bleistiftspitzer wird das Pinselstielende angespitzt und zunächst die Kontur des Dekors ausgekratzt. Hier ist natürlich jeder Fehlkratzer nicht wieder gutzumachen. Man muß dann versuchen, ihn in das Motiv einzuarbeiten, denn das Ausbessern mit Farbe hat keinen Sinn.

Die ausgeschabte Farbe wischt man mit einem weichen Papiertaschentuch ohne Druckanwendung ab. Bitte nicht blasen, denn der Farbstaub soll nicht eingeatmet werden! Größere Flächen schabt man mit einem abgestumpften Pinselstielende aus und säubert sie mit »Ohrenputzern«, die man mit etwas Terpentin benetzt hat.

Farbige Fliesen unterbrechen wohltuend die eintönige elfenbeinfarbige Fliesenwand. Die weißen Fliesen wurden schwarz bemalt, gebrannt und dann mit Neurot gestupft und erneut gebrannt. Zur Abdeckung des Kühlschrankes wurde eine weiße Fliesenkombination mit Apfelsinenmotiven bemalt

Jedes übersehene Farbpartikelchen wird auf der reservierten weißen Fläche nach dem Brand zum unangenehmen Fleck.
Wesentlich ist, daß die weiße und die farbige Fläche im richtigen Verhältnis zueinander stehen. Die weiße Glasur soll immer noch als Fläche mitspielen. Nach dem Brand kann die Reservierung noch durch Konturen betont oder ausgemalt werden, wie einige Abbildungen zeigen.
Es ist auch möglich, eine Fliese z. B. hellgrün zu stupfen, zu brennen und dann mit einer dunklen Farbe nochmals zu stupfen und die gewünschten Motive nach dem Trocknen auszukratzen. So gibt es viele Varianten in der Gestaltung.
Aber nun soll in Abbildungen die weitere Ausarbeitung der sechs Fliesen mit Buchenzweig gezeigt werden.

Die Fliesen wurden mit Myrthengrün gestupft, getrocknet und das Motiv mit dem Pinselstielende herausgekratzt. Nach dem Brennen wurde die Reservierung mit Rotbraun und Gelb leicht koloriert und nochmals gebrannt

Die im Backofen getrockneten Fondfliesen in Seladongrün legt man vorsichtig auf den Tisch und zeichnet ganz zart mit dem All-Stabilostift das gewünschte Motiv

Mit dem angespitzten Pinselstielende wird zunächst die Kontur ausgekratzt und anschließend erst die Fläche

Für die Flächen kann man die Pinselstielspitze etwas abstumpfen. Wie schon im Text erwähnt, den Farbstaub nicht wegblasen, sondern mit einem Papiertaschentuch vorsichtig wegnehmen

Unten:
Vorsicht, daß die linke Hand keine unerwünschten Kratzer verursacht!

Die Reservierung muß sehr sorgfältig ausgeführt werden. Meist säubere ich die großen Flächen noch mit einem terpentingetränkten Papiertaschentuch oder den bewährten »Ohrenputzern«

Noch ein kritischer Blick über alle weißen Flächen. Diese Arbeitsgänge erfolgen alle vor dem ersten Brand. Einige Reserve-Fondfliesen läßt man staubgeschützt unbearbeitet und ungebrannt liegen, denn die ausgekratzten Fliesen müssen noch drei Brände überstehen, so daß die Reserve-Fliesen bis zur endgültigen Fertigstellung aufbewahrt werden müssen

Reservierung mit Abdecklack

Will man größere Motive aus dem Fond herausholen, ist die Arbeit mit Abdecklack anzuraten. Er hat eine zähe Konsistenz und wird in Kilogramm-Dosen verkauft; dazu gehört eine Spezialverdünnung. Der Lack ist z. B. blau eingefärbt. Man gibt etwa einen Eßlöffel voll umgerührten Lack aus der Dose in ein kleines Glas mit Schraubverschluß. Mit der Pipette verdünnt man mit einem Spezialverdünner und rührt so lange gut um, bis sich eine streichfähige Emulsion ergibt.
Man nimmt eine neue weiße Fliese und zeichnet mit dem All-Stabilostift das Motiv auf.

Die Fliesen wurden zunächst mit Korallrot gestupft und gebrannt. Das abstrakte Motiv in Rot wurde mit Abdecklack »abgedeckt« und die vier Fliesen über die Lackabdeckung weg mit Schwarz gestupft. Nach kurzer Trocknung im Backofen ließ sich der noch heiße Lack mit der Pinzette abziehen

Mit einem alten Pinsel, der nicht mehr für andere Malerei gebraucht wird, malt man den Lack auf das vorgezeichnete Motiv, das weiß bleiben soll. Der Lack ist zäh und liegt ziemlich dick auf. In wenigen Minuten ist er trocken, und man kann die Fliese über den Lack weg mit der gewünschten Farbe stupfen.
Nach kurzer Trocknung im Backofen zieht man den Lack noch heiß mit einer Pinzette aus dem Fond heraus, und die Reservierung liegt klar vor uns. Natürlich muß hier und da die Kontur noch begradigt oder Lackflecken entfernt werden.
Für größere Flächen ist dies eine praktische Methode, aus dem Fond zu reservieren. Da aber der Abdecklack sehr zäh fließt, werden Stiele und kleine Blättchen besser mit dem angespitzten Pinselstiel herausgeholt.

Reservierung mit Krapplack

Da die Anmischung der Porzellanfarbe mit Siebdrucköl nicht überall bekannt ist, möchte ich noch auf ein anderes Verfahren der Reservierung hinweisen. Für Maler, die mit Dicköl oder Balsam-Copaiva die Farbe anreiben, sind die vorher beschriebenen Möglichkeiten der Reservierung nicht anwendbar.
Auf den getrockneten Fond wird mit einer Mischung von Krapplackpulver und Nelkenöl das zu reservierende Motiv aufgemalt. Nach kurzer Zeit hat die Emulsion den Fond aufgeweicht und kann mit einem weichen, sauberen Tuch vor-

sichtig weggewischt werden. Trotz Vorsicht bleibt es nicht aus, daß Spuren der roten Krapplacklösung auch den Fond etwas einfärben. Da aber Krapplack eine organische Substanz ist, verbrennt die Verfärbung ohne Flecken.

Dieses Verfahren ist nicht bei Aufmischung der Farben mit Siebdrucköl anwendbar.

Die nächsten drei Abbildungen zeigen die Ausarbeitung der reservierten Fondfliesen mit Buchenzweig nach dem ersten Brand.

Ohne Panne haben die sechs Fliesen den ersten Brand überstanden. Die Ausmalung des Buchenzweiges soll mit Purpurbraun durchgeführt werden. Das Kolorieren geschieht auf die im Text früher beschriebene Art und Weise. Die hellen Blattadern werden nach dem Trocknen herausgekratzt. Wichtig ist, die weiße Fliese immer wieder durchschimmern zu lassen. Bei einem Flächenmotiv müssen die Fliesen eng aneinanderliegen, um die Fugen zu überspielen. Nach dem zweiten Brand werden hier und da noch Betonungen das Gesamtbild vervollkommnen. Nach dem dritten Brand ist die Fliesenkombination fertig und kann als Tisch oder Bild Verwendung finden.

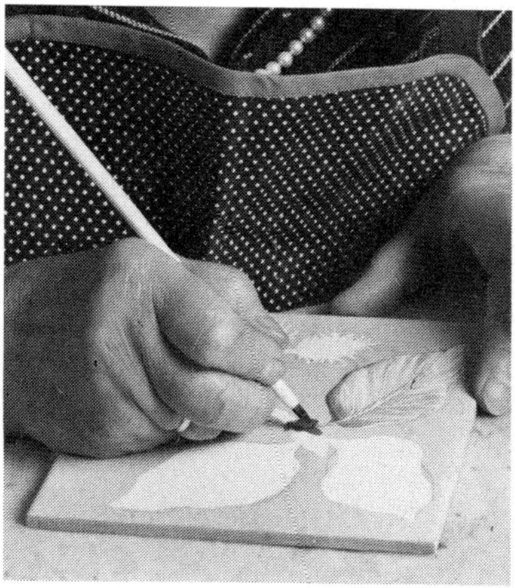

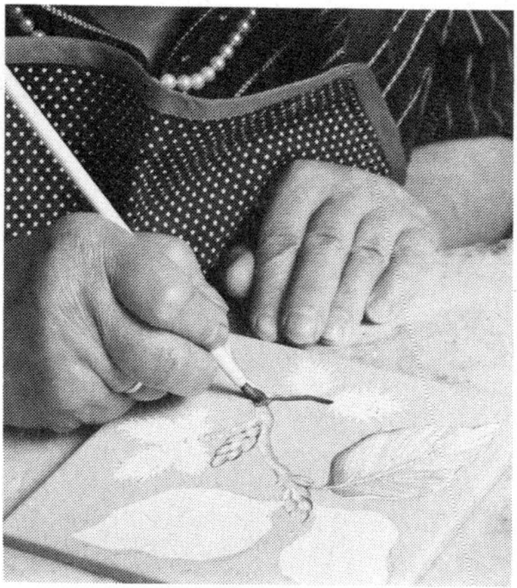

Tisch mit neun Fliesen (15 × 15 cm). Sie wurden gelbbraun gestupft, reserviert und nach dem Brand wurden Konturen mit brauner »Wasserfarbe« gezeichnet und mit Gelb- und Grüntönen in Ölfarben ausgemalt

Die fertige Fliesenkombination mit Seladonfond, Buchenzweigmotiv reserviert und mit Purpurbraun nach dem ersten Brand ausgemalt

1979

Enttäuschungen nach dem Brand

1. Farben kommen matt aus dem Brand!
Sind alle Farben matt, kann es daran liegen, daß Glasur, Farbe und Brenntemperatur nicht harmonieren. Vielleicht wurde vergessen, die Entlüftung bis 500 °C offenzulassen. In diesem Fall schlagen sich die Öldämpfe auf der Malerei nieder und verhindern den erwünschten Glanz. Sind nur einige Farben matt, andere aber glänzend, so muß den matt erscheinenden Farben in Zukunft etwas Generalfluß beigemischt werden. Vielleicht haben Sie auch die Farbe zu sehr mit Terpentin verlängert, so daß sie zu mager wurde.

2. Unreine Farben
ergeben sich, wenn Sie zu sparsam mit Terpentin umgehen und den Pinsel nicht ganz sauber auswaschen.
Haben Sie z. B. mit Blau gemalt, so muß der Pinsel sehr gut gereinigt werden, um anschließend ein klares, leuchtendes Gelb zu setzen. Alte Farben, die schon einige Tage auf einer Fliese abgedeckt stehen und bereits eingetrocknet sind, sollte man lieber wegwischen, als krampfhaft zu versuchen, sie mit Terpentin und Öl wieder aufzulösen.
Solange Sie keine Lochpalette haben, ist es ratsam, immer nur so viel Farbe anzureiben, wie in ein bis zwei Tagen verbraucht wird.

3. Dunkle oder weiße Pünktchen
stören die Farbfläche. Die Ursache sind meist Staub, Insekten oder unzerriebene Farbkörnchen. Nimmt man z. B. beim Fond zuviel Siebdrucköl, dann ist die Farbe zu fett und zieht förmlich die Staubpartikelchen und kleinen Insekten aus der Luft an sich.

4. Konturen platzen beim Brennen ab
Das wird beim Anfänger häufig vorkommen, weil er die Farbe mit dem Pinsel zu sehr an den Rand einer Farbfläche geschoben hat. Oder man versucht, die Konturen in feuchtem Zustand auszugleichen. Es ist besser, solche Korrekturen nach dem Trocknen im Backofen mit dem angespitzten Pinselstielende vorzunehmen. Platzen die mit »Wasserfarbe« gezogenen Betonungen ab, ist es ein Zeichen, daß die Farbe zu dick verwendet wurde oder daß sie zuviel Dextrin enthielt.

5. Unklare Konturen
entstehen, wenn Sie z. B. die Farben in der Lochpalette mit der Spachtel nicht gut aufgerührt haben. Das Öl setzt sich immer wieder oben auf der Farbe ab und muß vor der Arbeit wieder mit der Farbe gebunden werden. Auch wenn die Farbe zu ölhaltig ist, ergibt sich keine klare Linienführung.

6. Risse oder Bruch
bei Fliesen nach dem Brand können durch zu schnelle Abkühlung entstehen. Es ist aber auch möglich, daß die Fliese innerlich schon einen unsichtbaren Schaden hatte, z. B. durch einen Stoß, der dann im Brand zum Bruch führt. Die innere Qualität einer Fliese kann man nicht sehen. Manchmal tritt der Bruch auch erst nach dem zweiten oder dritten Brand auf, wie bei der abgebildeten Fliese.

Mit solchen Enttäuschungen nach dem zweiten Brand muß man auch nach 50jähriger Praxis rechnen

Macht man mit einer Fliesenart schlechte Erfahrungen, so legt man sie künftig besser auf Schamottestangen, die auf Schamotteböckchen liegen. So haben die Fliesen in der Mitte eine zusätzliche Stütze von unten, während sie in der Fliesenkassette nur an zwei Kanten aufliegen.

7. Die obersten Fliesen sind mit winzigem Schamottestaub berieselt
Haben Sie vielleicht vergessen, die Brennmuffel vor dem Einlegen mit einem weichen Besen auszukehren, besonders auch die Decke der Muffel? Da man vor Schamottegeriesel nie ganz sicher ist, lege ich immer zuoberst eine unbemalte Fliese. Ist

es aber nun passiert, so nehmen Sie feinstes Schmirgelpapier und gehen ganz zart über die Fliese. Gibt es trotz aller Vorsicht Kratzer, so überstreichen Sie die Stellen ganz dünn mit einer Mischung aus einem Tropfen Siebdrucköl und einem Tropfen Terpentin und brennen die Fliese noch einmal.

8. Eine gestupfte Fliese zeigt nach dem Brand **minimale Unebenheiten** und in einigen Tagen platzt da und dort etwas Farbe ab. Dies ist ein Zeichen, daß der Fond zu dick aufgetragen oder mit Siebdrucköl übersättigt war. Leider ist da nichts auszubessern, weil mit der Farbe auch die oberste Schicht der Glasur mitgerissen wird.

9. Sollten Sie sonst vor ungelösten Problemen stehen, so können Sie mich gerne in Koblenz anrufen (0261) 36639.

Feldulme

Der Weg zur Vollkommenheit
und zu jedem Fortschritt
ist fortwährende Selbstkritik.
Böcklin

Unterglasurmalerei

Bisher habe ich nur die Aufglasurmalerei behandelt, weil sie für den Hausmaler leicht durchführbar ist. Aber vielleicht hat mancher von Ihnen die Gelegenheit, unglasierte Fliesen zu bekommen, und auch die Möglichkeit, diese glasieren und brennen zu lassen.

Die sogenannten Delfter-Fliesen, die meist nicht aus Delft, sondern aus anderen niederländischen oder friesischen Werkstätten stammen, sind fast immer in Unterglasurmalerei oder in der später folgenden Majolikatechnik hergestellt. Für Fliesen ist die Unterglasurmalerei von besonderem Reiz. Auf die einmal gebrannte Fliese wird mit Unterglasurfarben, die mit Wasser und einem Klebemittel (z. B. Dextrin) angerieben sind, gemalt. Als Pinsel können außer den Kielpinseln auch Aquarellpinsel verwendet werden, aber keine, die für Ölfarbe verwendet wurden!

Die Farbskala ist eingeschränkter als bei den Aufglasurfarben, obwohl die Palette heute reichhaltiger ist als früher. Die Besonderheit der Unterglasurmalerei liegt in den weicheren Konturen, weil die ganze Glasurschicht über der Malerei liegt. Diese Tatsache bewirkt außerdem, daß die Malerei so gut wie unverwüstlich ist.

Der roh gebrannte Steingutscherben ist porös und saugt die Malfarbe gierig auf; deshalb ist es wichtig, die Fliese vor dem Malen leicht mit Wasser zu besprühen, z. B. mit dem Fixierröhrchen. Man kann das Motiv dünn mit Bleistift skizzieren, aber die Malerei muß auf Anhieb sitzen.

Besonders ist darauf zu achten, daß die Farbe nicht zu dick aufgetragen wird. Auch hier ist intensives Üben mit dem Pinsel unvermeidlich. Als Übungsfliese kann eine leicht beschädigte dienen, die man immer wieder unter Wasser abbürstet. Das Motiv schimmert dann zwar noch etwas durch, aber es ist so dünn, daß Sie weitere Pinselübungen machen können; die Fliese soll ja nur der Schulung dienen. Man arbeitet mit einem dicken Pinsel, der eine schwungvolle Bemalung ermöglicht. Die Schattierung ergibt sich durch mehr oder weniger Pinseldruck von selbst. Mit einem dünneren Pinsel können dann wohl da und dort noch Betonungen angebracht werden. Die Unterglasurmalerei muß auf mancherlei Feinheiten verzichten, die bei der Aufglasurmalerei selbstverständlich sind.

Das heißt aber nicht, daß die Unterglasurmalerei leichter ist. Bei der Abstraktion ist es wichtig, das Wesentliche zu bringen und das Charakteristische hervorzuheben.

Ist die Malerei trocken, wird die Fliese mit farbloser Glasur glasiert und bei etwa 1050 °C gebrannt.

Soll die Malerei auf weißem Grund

Vier-Fliesen-Tablett in Unterglasurmalerei (Einzelfliese 15 × 15 cm)

liegen, muß die meist gelbliche Fliese vor dem ersten Brand in lederhartem Zustand mit weißer Engobe begossen werden, d.h. mit flüssigem weißen Ton. Getrocknet wird sie roh gebrannt und man kann malen, wie vorher beschrieben.

Will man die Unterglasurmalerei nicht in größerem Rahmen betreiben, ist man für diese Technik von einer wohlwollenden Fliesenfabrik abhängig, denn solche Liebhaberarbeiten stören den fabrikmäßigen Ablauf. Aber vielleicht finden Sie eine Gelegenheit, darum wollte ich diese altbewährte Technik erwähnen.

Ich hatte das Glück: Herr Dr. Bauer und Betriebsleiter Gonschior von

Gerahmte Einzelfliese in dunkelblauer Unterglasurmalerei, Format 15 × 15 cm. Das Mittelfeld wurde mit dem historischen Wan-Li-Mäander umrahmt

der Wandplattenfabrik Engers kamen mir freundlich entgegen, wofür ich sehr dankbar bin. Durch ihre Unterstützung bin ich in der Lage, in diesem Buch Beispiele für Unterglasur- und Majolikamalerei zu bringen.

Falls Sie einen Brennofen haben, der bis 1200 °C erhitzt werden kann, können Sie auch unabhängig von einer Fliesenfabrik Unterglasur- und Majolikamalerei ausführen. Glasuren erhalten Sie bei den im Anhang erwähnten Firmen. Die Anschaffung lohnt sich allerdings nur, wenn Sie diese Technik häufiger betreiben wollen.

Wohlriechender Pfeifenstrauch

Kunst besteht aus Kontrasten,
die ausgeglichen
vermittelt werden.
Adolf Hölzel

Sponsen oder Durchstaubschablonen

Herstellung und Beispiele

Die Fliesenproduktion hatte über Asien, Spanien und Portugal besonders in den Niederlanden und Friesland einen aufgeschlossenen Hersteller- und Abnehmerkreis gefunden.

Die Fliese als Wandverkleidung bewährte sich nicht nur in den heißen Ländern. Man erkannte sehr bald die großen Vorteile einer gefliesten Wand gegenüber Tapeten, die wegen der Luftfeuchtigkeit allzuoft erneuert werden mußten. Ebenso bewährte sich die Fliese hervorragend am und vor dem offenen Kaminfeuer. Außerdem fanden die niederländischen und friesischen Seefahrer in den Fliesen ein begehrtes Tausch- und Handelsobjekt.

Aus diesen Gründen ist es verständlich, daß die Werkstätten viele Arbeiter und Maler beschäftigten, und die große Nachfrage ließ über eine Vereinfachung der Arbeiten nachdenken. Man malte auf die roh gebrannte Fliese mit Kobaltblau oder Mangan und glasierte mit farbloser Glasur. Außerdem wurde auf die angetrocknete, ungebrannte Glasur mit Majolikafarben gemalt, die von spanischen, portugiesischen und italienischen Malern übernommen wurden.

Italienische und spanisch-portugiesische Fliesen sind meist in der Majolikamalerei hergestellt und nutzen die farbigen Möglichkeiten aus: blau, gelb, grün, braun

Eckverbindungen

Mit den sogenannten Sponsen, das sind Durchstaubschablonen, konnte man die Malarbeit wesentlich vereinfachen. Die Modellbücher wurden vom Vater auf den Sohn vererbt und über Generationen in der Familie gehütet. Dabei spielten sogenannte Eckornamente eine wesentliche Rolle, weil sie die unvermeidlichen Fugen zwischen den Fliesen an den Ecken verbanden. Das Zusammentreffen von vier Fliesen ergibt im Zusammenspiel ein selbständiges Ornament. In der Mitte der Fliese wird irgend etwas

Das Eckornament: Ochsenkopf in Varianten 1 und 2. Bei 1 ist die Bezeichnung »Ochsenkopf« noch deutlich erkennbar, während 2 verspielter wirkt. Eckornamente sollten immer in der Komposition von vier Fliesenecken entworfen werden, damit ihre volle Wirkung im Zusammenspiel sichtbar ist

anderes dargestellt: Figuren, Schiffe, Tiere oder Pflanzen. Aus der reichen Auswahl möchte ich einige Beispiele für Eckornamente und ihre Variationen vorstellen. Um 1630 kommt z. B. der Wan-Li-Mäander auf, der auf chinesische Vorbilder zurückgeht. Besonders gern wurde der Wan-Li-Mäander in Verbindung mit Medaillons verwendet. Im Laufe der Jahre wandelten sich die Eckornamente ab und dienen heute dem Kunsthistoriker als Datierungshilfe.

Es ist nicht meine Absicht, Sie zur Imitation alter Fliesen zu animieren, aber die Beschäftigung mit diesen alten Vorbildern regt zu neuen Dekoren an, und die Betrachtung schult das Auge. So z. B. die beiden Fliesen mit der burgundischen Lilie und zwei verschiedenen Lösungen in der Mitte. Für diese Malereien verwendet man die schon erwähnten Sponsen, die auf folgende Weise hergestellt werden: Man schneidet in Fliesengröße Transparentpapier aus, faltet es von Ecke zu Ecke und von Seiten- zu Seitenmitte. Nach dieser Vorarbeit zeichnet man das Motiv durch die Falten in allen vier Ecken durch. Die Rückseite der Transparentzeichnung wird mit einem Wattebausch mit Graphitpulver eingerieben, so daß sie pausfähig wird. Dann schneidet man sich ein Quadrat in Fliesengröße aus dünnem Karton und zeichnet mit einem harten Bleistift die Eckornamente und das Mittelstück auf mit Hilfe der Pause. Es muß genau gezeichnet werden. Anschließend

Die Abbildung stellt eine Stechpause (Sponse) dar und das auf eine Fliese mit Graphitstaub aufgepauste Motiv

legt man die Kartonzeichnung auf einen Packen Zeitungen und besticht die Konturen der Zeichnung in etwa Millimeter-Abständen mit einer Nadel.
Die Rückseite der Schablone muß mit feinem Sandpapier abgerieben werden, um die entstandenen Grate zu glätten.
Diese Stechpause klebt man mit etwas Tesafilm an einer gesäuberten Fliese fest, benetzt einen Mulltupfer oder Schaumstofftupfer mit Graphitstaub und wischt dann mehrmals über die Stechpause.
Wird die Pause abgenommen, haben Sie das Muster in Pünktchen auf der Fliese. Graphit verbrennt ohne Rückstand. Nun malen Sie das Motiv aus.
Wie die Bilder zeigen, können durch unterschiedliche Zusammensetzung reizvolle Varianten entstehen.
Ich möchte aber doch dringend abraten, diese Paustechnik auf die übrige Malerei zu übertragen. Sie ist nur da zu vertreten, wo Symmetrie erforderlich ist, z. B. manchmal in der Bauernmalerei, bei einem Schmetterling oder in der Heraldik. Blumensträuße dagegen verlieren sehr an Schwung und Ursprünglichkeit, wenn sie aufgepaust werden.

Die Abbildung soll zeigen, wie die gleiche Stechpause verschieden angeordnet andere Wirkungen erzielt. Als Beispiel wurde die bourbonische Lilie und der Wan-Li-Mäander als Eckornament und Mittelfeld gewählt

Rechts:
Bourbonische Lilie in Unterglasurmalerei als Abschlußfries einer gefliesten Wand

Fensterbrettverkleidung

Das Fensterbrett ist ein beliebter und günstiger Platz für unsere Topfpflanzen. Trotz aller Vorsicht beim Gießen leiden die gestrichenen Fensterbretter oder Marmorplatten unter unvermeidlichen Wasserflekken. Wie praktisch erweist sich auch da der Belag mit Fliesen! Ein Flächendekor, das den darauf stehenden Blumen keine Konkurrenz

Rechts: Fensterbrettverkleidung in Unterglasurtechnik

Wie Sie sehen, ergeben die Variationen der Anordnung dekorative Möglichkeiten für einen Tisch

macht, ist die zu lösende Aufgabe. Fliesen in Unterglasurmalerei haben den Vorteil, daß die Malerei haltbarer ist als die Aufglasurmalerei und nicht so schnell durch das Verschieben der Blumentöpfe ruiniert wird.
Wenn Sie aber Ihre Übertöpfe auf der rauhen Unterseite mit etwas Filz bekleben, wird auch bei den Fliesen mit Aufglasurmalerei keine Beschädigung eintreten.

Kunst ist eine Harmonie
parallel zur Natur.
Cézanne

Kornelkirsche

Die Majolikamalerei

Eine weitere Maltechnik vor dem Glasurbrand ist die Majolikamalerei. Sicher sind Ihnen italienische und spanische Fayencen bekannt. Mit speziellen Majolikafarben, die mit Wasser und etwas Klebemittel, z. B. Dextrin, angerührt werden, wird auf die roh gebrannte Fliese, die weiß glasiert, aber noch nicht gebrannt ist, gemalt. Die Glasur liegt als gebundenes Pulver auf der Fliese, und jeder zu starke Druck oder Kratzer schabt Glasur ab und macht sich nach dem Brand bemerkbar. Auch diese Technik hat ihre ganz besondere Schönheit.
Die Majolikafarben werden bei etwa 1050 °C eingebrannt und liegen tiefer in der Glasur als die Aufglasurfarben. Die Farbskala ist reichhaltiger als bei den Unterglasurfarben, aber nicht so vielfältig wie bei den Aufglasurfarben.
Bei dieser Technik ist es ebenfalls ratsam, die glasierten Fliesen vor dem Malen leicht durch ein Fixierröhrchen mit Wasser zu besprühen. Man malt mit einem weichen Aquarellpinsel; Korrekturen sind nur begrenzt möglich, ohne nach dem Brand unangenehm aufzufallen. Bei mißlungener Malerei ist es besser, die Glasur abzuwaschen, getrocknet neu zu glasieren und dann wieder zu bemalen.

Der letzte Abschnitt dieses Buches soll an Hand gestellter Aufgaben die Anwendung der verschiedenen Techniken zeigen.

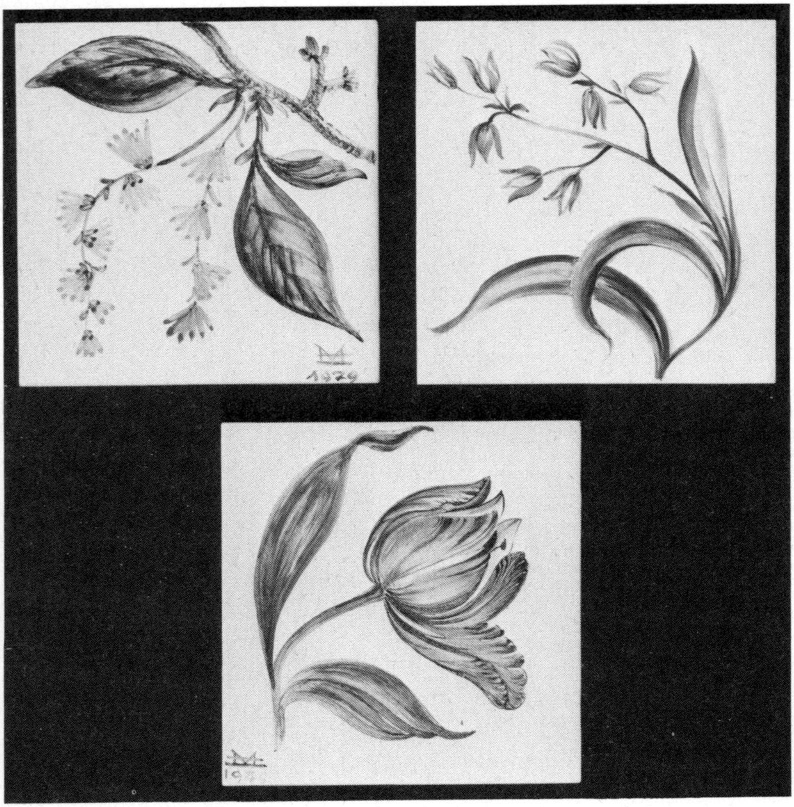

Fliesen in Majolikamalerei. Auf die einmal gebrannte und glasierte Fliese wurde mit Majolikafarben gemalt. Die ungebrannte Glasur ist sehr empfindlich gegen Kratzer oder zu dicken Farbauftrag. Die beiden oberen Fliesen wurden in Grüntönen gemalt, die Tulpe in Beige-Braun

Fliesentisch in Majolikamalerei. Es wurden nur Blautöne verwendet

Vom Zeitvertreib zum Kunsthandwerk

Im folgenden will ich Ihnen die verschiedenen Verwendungsmöglichkeiten der Fliesen und die Gestaltung der Dekore mit den im ersten Teil aufgeführten Maltechniken zeigen.

Die Pflanze ist von der Zeichnung nach der Natur und ihre Stilisierung bis zur arabeskenhaften Umarbeitung ein dankbares Motiv. Voraussetzung ist aber immer wieder das Zeichnen nach der Natur. Der Fotoapparat fängt ohne Ihr Zutun das gewählte und eingestellte Motiv ein. Die Zeichnung nach der Natur hingegen zwingt, sehr genau hinzusehen. Dadurch wird das Auge geschult, und Sie erleben die Pflanze, das Tier, die Landschaft viel bewußter, wenn Ihr Stift das vom Auge Aufgenommene zeichnerisch wiedergeben soll.

Man muß zwar kein Naturwissenschaftler sein, aber trotzdem gehört zur Wiedergabe das Erkennen der speziellen Eigenarten. Das Charakteristische einer Pflanze muß erfaßt werden, ob z. B. der Stiel aus einer Blattrosette wächst – wie beim Löwenzahn oder beim Gänseblümchen – oder ob der Stiel sich verzweigt und aus diesem viele Blätter und Knospen treiben. Es ist eine typische Eigenschaft der Zwiebelgewächse, daß sie längsgestreifte Blätter haben, während die Blätter der Pflanzen mit Wurzelgeflecht oder Pfahlwurzeln eine Mittelader besitzen, von der kleine Adern abzweigen. Zur Veranschaulichung habe ich einige Beispiele gezeichnet.

Aus der erlebten Entdeckung der Unterschiede erwachsen dann Ideen zur Umsetzung für ein Dekor. Das Erkennen des Besonderen ist die Voraussetzung!

Mit Erstaunen und Bewunderung werden Sie feststellen, wie vielfältig die Natur sich dem Suchenden offenbart. Die Frage lautet jetzt nicht mehr: Was soll ich nur malen? Sondern: Was soll ich zuerst malen?

Sehr bald werden Sie erkennen, daß oft die unscheinbarsten Unkräuter bei liebevoller Betrachtung wertvolle Schönheiten offenbaren, die dem Entwurf zur Anregung dienen. Hinweise und Ratschläge sind vielfach in die Unterschriften der Abbildungen einbezogen. Das Beispiel veranschaulicht besser als beschreibende Worte.

Natürlich bieten eine Fülle guter Bücher Anregungen für den ernsthaft interessierten Maler. Bibliotheken halten für alle Gebiete entsprechende Literatur zur Einsichtnahme bereit. Sybille Merian und viele Apothekerbücher können ebenfalls Vorbild und Anregung sein.

Anregungen zur Dekorgestaltung

Fliesentisch in weiß-blauer Majolikamalerei

Zunächst legte ich auf den ausgezogenen Wohnzimmertisch, der mit einer Plastikdecke abgedeckt wurde, vorsichtig die glasierten, aber noch nicht zum zweitenmal gebrannten Fliesen. Ich beschloß, zunächst die Fliesenkombination durch eine gemalte Kante zu umschließen.

Wichtig ist bei Fliesenkombinationen, daß die Fliesen auf der Rückseite mit Farbe numeriert werden.

Natürlich soll man einem mit der Hand gemalten Fliesentisch die Handarbeit auch ansehen. Trotzdem ist es notwendig, mit Hilfe eines Papierstreifens die gesamte Tischlänge einzuteilen und vor allem die Ecklösung zu überlegen. Dann gibt man ganz zart mit dem All-Stabilostift Hilfspunkte auf den Fliesen an. Mit dem Fixierröhrchen überspritzt man die ganze Fliesenfläche etwas mit Wasser, damit die pulvrige Glasurschicht vor dem Malen etwas gebunden wird. Erst wenn diese Vorarbeiten geschehen sind, reibt man die Majolikafarbe mit Wasser und etwas Dextrin an und malt zunächst mit einem dikken Pinsel das Randmuster. Die Farbe darf nicht zu dick aufgetragen werden. Hat man die bewährten Fliesenkassetten zur Hand, werden die Umrandungsfliesen gleich darin eingelegt und können für den späteren Glasurbrand beiseite gestellt werden. Das Mittelstück aus neun Fliesen soll mit einem Feldblumenstrauß bemalt werden.

Auch hier kann man die Vorzeichnung nur andeuten, weil sonst die Glasur beschädigt wird. Malerischer Schwung mit wäßriger Farbe und einem dicken Pinsel soll die Hand führen. Anschließend ergänzt man mit einem dünneren Pinsel Feinheiten wie z. B. die Härchen am Mohnblumenstiel. Anschließend werden auch diese Fliesen in eine Kassette gelegt und bei etwa 1050 °C gebrannt (Bild Seite 89).

Fliesenkombination als Bild

Man hat fast den Eindruck, daß die Fliese als Wandverkleidung heute neu entdeckt ist. Sicher wurden in unserem Jahrhundert Badezimmer, Küchen, WC und Labors aus rein praktischen Erwägungen halbhoch mit Fliesen ausgestattet. Aber heute erinnern wir uns früherer Zeiten, in denen das Fliesenbild, die Fliesenwand ein begehrtes Schmuckelement in der Raumgestaltung darstellte.

Das Badezimmer gewinnt an Größe und nobler Ausstattung durch erlesene Fliesen. Die Küche, oft in den Wohnraum einbezogen, soll nicht nur ein Arbeitsraum sein, sondern der Hausfrau oder dem Hausmann eine wohlgefällige und schöne Umgebung schaffen.

Überall, wo mit Wasser hantiert wird, hat sich die Fliese als Wandverkleidung bewährt. Lohnt es sich da nicht, durch ein in die Fliesenwand eingesetztes handgemaltes Fliesenbild die individuelle Note zu geben? Ebenso kann ein gemalter Fliesenfries die Küche verschönern. Für viele Möglichkeiten sehen Sie in diesem Buch Beispiele, die der Anregung dienen sollen.

Wie fängt man da an, werden Sie fragen, z. B. bei dem Fliesenbild mit Fingerhut 1,5 m hoch und 0,75 m breit, bestehend aus 50 weißen Fliesen. Selbstverständlich kauft man immer etwa 10% Fliesen mehr als Reserve, falls einige springen.

Ich legte die weißen Fliesen auf den ausgezogenen Eßtisch. Mit dem All-Stabilostift gab ich mir über die Fliesen weg die Stiele an und ganz leicht die Flächen, die von den Glocken beansprucht werden sollten.

Unten wird die große Blattrosette leicht skizziert. Dann wird Farbe angerieben – ich nahm die normalen Porzellanfarben –, und ich beginne mit einem dicken Pinsel die Malarbeit, zunächst skizzenhaft über alle Fugen hinweg. Dann nehme ich etwa vier Fliesen heraus und arbeite die großflächige Anlage genauer aus. Ins Ganze wieder eingefügt, werden die angrenzenden Fliesen erarbeitet. Wichtig ist, die Fliesen immer wieder in das Gesamtbild einzuordnen, damit die Pflanze als Ganzes zur Geltung kommt und die Schattierung die Fliesenfugen nicht beachtet.

Für den ersten Brand ist es wesentlich, daß Spannung und Gegenspannung festliegen. Alle Kleinarbeit wird nach dem ersten Brand vorgenommen.

Da geht es dann um die liebevolle Ausarbeitung der einzelnen Glokken und um die Schattierung der Stiele und Blätter. Trotz der nötigen Detailarbeit darf die Großzügigkeit der Gesamtanlage nicht darunter leiden.

Dieses Fliesenbild wurde nur in Blautönen gemalt.

Ebenso wurde ein Fliesenfries – zwei Fliesen breit und zwanzig Fliesen lang – mit blauem Hopfenmotiv gemalt als Schmuck einer Küche. Die weißen Fliesen mit blauer Bemalung harmonieren mit den handgetöpferten Küchentonnen mit weißer Schmelzglasur, blau bemalt vor dem Glasurbrand.

In ein weißgefliestes Badezimmer wurde das Fliesenbild eingefügt. Es wurden weiße Fliesen 15 × 15 cm verwendet, die Bemalung wurde nur in Blautönen durchgeführt

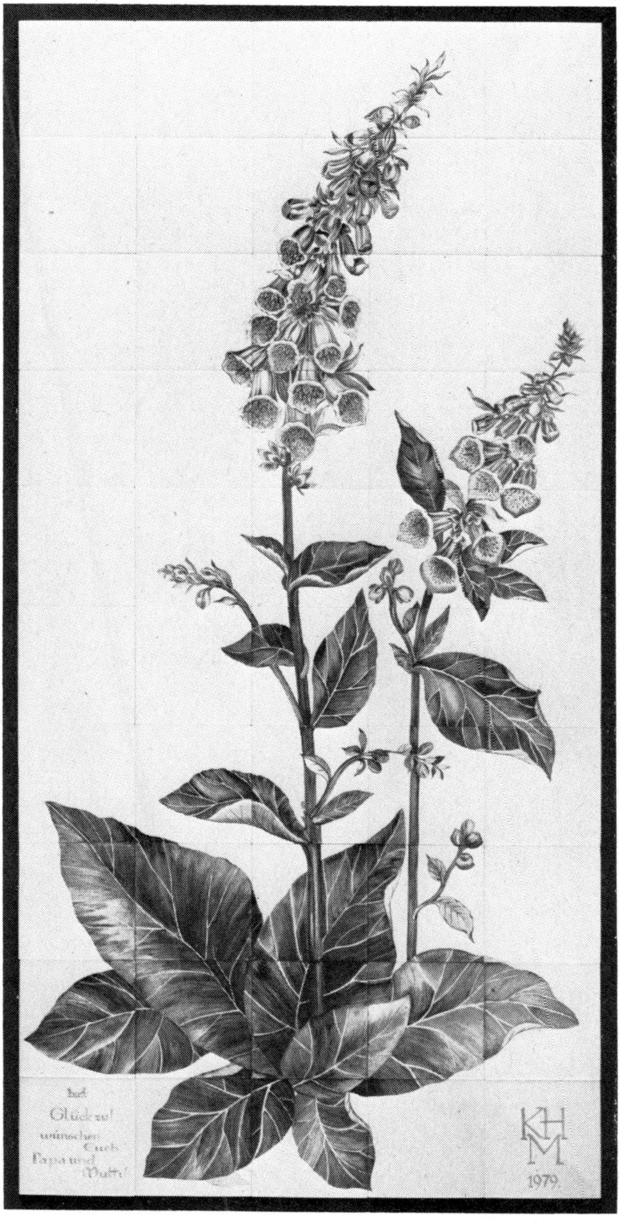
Glück zu!
wünschen
Euch
Papa und
Mutti!
KHM
1979.

Blumenbank mit Sunshinefarben bemalt

Der Wunsch hieß, ein Dekor für eine Blumenbank zu entwerfen, zwei Fliesen breit und zwei Meter lang. Da ist allerlei zu bedenken. Auf einer Blumenbank sollen die darauf stehenden Pflanzen, selbst wenn sie nicht blühen, das Wichtigste sein, und die Fliesen nur eine wohltuende Untermalung geben. Stehen die Pflanzen in Blüte, dürfen die Fliesen ihnen nicht den Rang streitig machen.

Eine hellbeige farbige Fliese wurde gewählt, die da und dort am Rand etwas dunkelbraun gespritzt war. Bei einem Spaziergang entdeckte ich den Efeu als geeignetes Motiv für eine so langgestreckte Fläche. Ich nahm mir einige Schößlinge mit und begann mit der Vorarbeit. Da es sich um eine mir unbekannte Glasur handelte, bemalte ich zunächst eine Probefliese mit Sunshinefarben und brannte sie etwas niedriger bei 760 °C.

Die Probefliese kam gut aus dem Brand, so daß ich mit der Flächenarbeit beginnen konnte. Der Efeu erwies sich als gutes Flächendekor, füllend, ohne aufdringlich zu sein, und farblich variierend von Gelb über Grüntöne bis rötlich und braun. Aber da passierte es beim Brennen in der Kassette, daß mehrmals die mittleren Fliesen Risse bekamen. Es ist sehr unangenehm,

Blumenbank aus beige-bräunlichen Fliesen mit Sunshinefarben bemalt. Oben abgebildet die Probefliese, um die Wirkung der Farben auf der getönten Glasur zu prüfen

Fliesen eines Flächendekors zu ergänzen. Aus Schaden klug geworden, legte ich die weiteren Fliesen, wie erwähnt, auf Schamottestangen und Böckchen.
Bei solch einem Entwurf ist natürlich keine Fliese gleich der anderen, und die farblichen Abschattierungen ergaben ein sanft bewegtes Flächendekor, zurückhaltend, aber doch nicht langweilig.

Spiegelumrahmung mit kleinen Fliesen

Unter vielen Anwendungsmöglichkeiten von Fliesen sei auch eine Spiegelumrahmung erwähnt. Ich wählte eine kleine Fliese 10 × 10 cm und bemalte sie in Schwarz mit Zweigen der verschiedensten Bäume, wie ich sie in den Rheinanlagen fand. Nach dem ersten Brand wurde die Malerei durch Übermalung in ihrer Wirkung verstärkt. Nach dem zweiten Brand stupfte ich die ganzen Fliesen mit Korallrot.
Bei früheren Versuchen hatte ich festgestellt, daß diese Farbe bei erhöhter Brenntemperatur zu eigenwilligen Verfärbungen führt, die aber unberechenbar sind. In diesem Fall war es wichtig, die Fliesen in der richtigen Reihenfolge in den Brennofen einzulegen. Die Brenntemperatur betrug etwa 800 °C.
Trotz aller Bedachtsamkeit waren die vorderen Fliesen nach dem Brand noch zu rot, so daß ich sie nochmals brennen mußte, etwas weiter hinten in die Muffel eingelegt. Die Temperaturverteilung im Ofen ist eben doch nicht an allen Stellen gleich. Da zittert man schon ein bißchen vor dem Öffnen der Ofentür. Aber ich hatte Glück, und das überwundene Risiko macht dann besonders froh.
Die Holzumrahmung und der Einsatz des Spiegels waren natürlich eine Schwierigkeit, denn es galt einen Fachmann zu finden, der nicht nur mit handwerklichem Können einen Rahmen herstellt und den Spiegel einfügt, sondern er mußte die zerbrechlichen Fliesen kunsthandwerklich mit einbeziehen.

Fliesentisch mit Schmetterlingen

Eine besondere Aufgabe stellte mir ein Schmetterlingssammler, der sich einen Fliesentisch wünschte. Ich sehe darin immer eine reizvolle Aufgabe, besondere Wünsche mit meinen handwerklichen Überzeugungen zu verbinden. So entstehen Unikate, die wirklich nur einmal ausgeführt werden. Selbstverständlich müssen Schmetterlinge für einen passionierten Sammler auch naturgetreu dargestellt werden. Ich legte mir die Fliesen auf einen Tisch und gab mir mit Bleistiftkreisen die Flächen an, die ich für die Schmetterlinge auswählte. Mit ihnen beschäftigte ich mich zuerst und sah viele Bücher durch, bis die Wahl getroffen war. Die Schmetterlinge zeichnete ich zunächst mit der Federfarbe, brannte sie und malte sie aus. Nach dem zweiten Brand verteilte ich sie über die Fliesentischfläche.
Jetzt erst suchte ich nach einem entsprechenden Untergrund und wähl-

te einen großen weißen Schirmblütler. Seine reichen Dolden sind ein Sammelplatz für die Honignascher. Die weiße Farbe der Blüten läßt die bunten Flügel gut zur Geltung kommen und ergibt einen ruhigen, in sich zart schattierten Untergrund, während die kräftigen Blätter und Samenstände das Ganze zusammenfassen. Ein unaufdringliches Schriftband gibt dem Ganzen noch eine persönliche Note.

Die Gesamtanordnung eines Fliesentisches sollte von jeder Seite einen angenehmen Eindruck vermitteln und nicht richtungsbetont sein.

Schmetterling.
Grundstruktur der Schmetterlingsflügel, die im Prinzip bei großen und kleinen Schmetterlingen mehr oder weniger ähnlich ist und den Flügeln die notwendige Festigkeit verleiht

Fliesentisch für einen Schmetterlingssammler. Weiße Fliesen mit Aufglasurfarben ausgemalt

Mit kleinen Fliesen – 10 × 10 cm – wurde hier ein Spiegelrahmen gestaltet. Die Zweige wurden mit Schwarz auf die weißen Fliesen gemalt und nach dem Brennen mit Korallrot gestupft und bei 800° C gebrannt

Fliesentisch mit Craquelé-Fliesen

Dieser Tisch hat eine lange Geschichte. Vor Jahren brachte ich zwei Craquelé-Fliesen von einer Reise mit. Bemalt wurden sie sehr schön, so daß ich 50 Fliesen für einen Tisch bestellte. Ich brauchte eigentlich nur 30 Fliesen, doch muß man immer einige Ersatzfliesen bereit haben. Mit Schwung und Eifer malte ich ein Dekor über die ganze Fliesenfläche. Aber welche Enttäuschung beim Öffnen des Brennofens! Alle Fliesen kamen blasig aus dem Brand, unbrauchbar! Wir fuhren also mit einigen dieser »Mißgeburten« zum Hersteller, und es zeigte sich, daß man meinen Brief nur flüchtig gelesen und nicht beachtet hatte, daß die Fliesen noch bemalt und gebrannt werden sollten.

Die Haarrisse in der Glasur ergeben sich aus der Spannung zwischen Scherben und Glasur, die natürlich vorher durch Proben herausgefunden wurden. Ist die Spannung zu groß, blättert die Glasur ab, ist die Spannung zu klein, ergeben sich nur winzige Haarrisse.

Um nun dieses dekorative Netz sichtbar zu machen, werden die heißen Fliesen nach dem Brand mit dunkler Farbe eingerieben und dann abgewaschen. Das darf man jedoch nicht machen, wenn die Fliesen nochmals gebrannt werden sollen.

Die Firma ersetzte mir großzügig die kostbaren Fliesen, da sie ihr Versehen einsah. Ich machte in der Folgezeit wieder Versuche, die mich aber doch nicht ganz befriedigten. Als nun die Sunshinefarben auf den Markt kamen, die, wie schon erwähnt, mit Siebdruckmedium aufgemischt werden und zum Pinselauswaschen Wasser statt Terpentin vertragen, ergab sich ein neuer Ansatz. Und tatsächlich, es klappte! Terpentin erwies sich für die Craquelé-Glasur unverträglich!

Ich habe das so ausführlich beschrieben, damit Sie sehen, daß auch einer geübten Porzellanmalerin mit langjähriger Erfahrung schwer lösbare Probleme unter die Finger kommen. Man soll nie aufgeben, wenn etwas nicht gleich nach Wunsch klappt.

Die herbstliche Farbenpracht dieser Kletterpflanze animierte mich als dezentralisiertes Motiv für die Tischfläche. Für die Malerei waren zwei, zum Teil drei Brände nötig. Erst nach dem letzten Brand wurden die Fliesen mit dunkler Ölfarbe eingerieben, um das Craquelé sichtbar zu machen.

Wie schon erwähnt, soll das Dekor eines Fliesentisches nicht richtungsbetont sein und von jeder Seite einen harmonischen Eindruck vermitteln.

Das Fliesentablett

Eine praktische Fliesenverwendung bietet das Fliesentablett. Die Kombination von vier oder sechs Fliesen, auf eine entsprechende Unterlage geklebt und mit einem Rahmen versehen, ist für heiße Schüsseln ein praktischer und schöner

Vier weiße Fliesen wurden mit stark stilisierten Pflanzenmotiven mit blauen Aufglasurfarben dekoriert. In diesem Fall ist eine Pause (Sponse) nötig, wie sie im Text beschrieben wird

Untersatz. Die Wahl des Entwurfs richtet sich nach der Einrichtung oder nach dem Service.

Die zurückhaltende Bemalung in Blau paßt sich der schon öfters erwähnten Küche mit den weiß-blauen Fliesen an, während so eine bunte Blumenkomposition als Tablett im Sommer den Garten in die Wohnstube bringt und an nebligen Novembertagen die Hoffnung, daß es wieder Sommer werden wird.

Das moderne Dekor, mit breitem Pinsel schwarz bemalt, gebrannt und mit Korallrot gestupft, bekam bei 800 °C Brenntemperatur seine besondere Tönung.

Craquelé-Fliesen wurden mit Sunshinefarben bemalt. Die farbenfrohe Blätterpflanze füllt ohne betonte Richtung die Tischfläche

Fliesentablett mit buntem Blumendekor, mit Sunshinefarben gemalt

Wie wäre es mit einer Fliesenuhr?

Hat man eine mit handgemalten Fliesen ausgestattete Küche, so wünscht man sich auch eine passende Uhr dazu.

Eine große Fliese wird von der Mitte aus in zwölf Segmente unterteilt, indem man mit dem Zirkel einen Kreis zieht und den Radius zwölfmal aufträgt. Dann werden mit dem Schriftpinsel die Zahlen geschrieben und die gewünschten Dekore aufgemalt. Zur Technik sei noch erwähnt, daß man das Uhrwerk bei jedem Uhrmacher bekommt. Hier wurde eine Quarzuhr gewählt. Das Loch in der Fliese wurde mit einer elektrischen Bohrmaschine (geringe Drehzahl) und einem Widiabohrer von etwa 10 mm Durchmesser gebohrt.

Die Montage von Uhr und Zeiger macht der Uhrmacher oder man kann es selbst versuchen.

Ich möchte Sie auch gleich mit einer schlechten Erfahrung bekannt machen, um Sie selbst davor zu bewahren. Vier große Fliesen sollten mit einem Widiabohrer mit langsamer Geschwindigkeit das nötige Loch für den Antrieb der Zeiger bekommen. Natürlich waren die Fliesen bereits bemalt und einmal gebrannt. Nach dem zweiten Brand waren drei der Fliesen gesprungen. Offenbar hatten sich beim Abkühlvorgang zu große Spannungen, ausgehend von dem Loch, ergeben. Also erst die Fliese fertigmalen und brennen und nach dem letzten Brand vorsichtig die Bohrung vornehmen.

Heckenkirsche

Wer zur Quelle gehen kann,
gehe nicht zum Wassertopf.
Leonardo da Vinci

Fliese mit künstlichem Craquelé auf hellgrauer Glasur, Bemalung in Rot und Grün, die Zahlen in Braun. Abmessungen der Fliesenuhr 20 × 20 cm

Die vier weißen Fliesen wurden für ein Tablett mit breitem, flachem Pinsel in Schwarz bemalt, gebrannt und Korallrot gestupft und bei 810°C gebrannt

Fliesenbild aus 45 Fliesen (15 × 15 cm) mit matter Glasur. Es wurde versucht, sommerliche Erinnerungen für die Wohnung einzufangen. Gemalt wurde mit normalen Aufglasurfarben

Wie herrlich leuchtet mir die Natur!

Schrift auf Fliesen

In allen kunsthandwerklichen Sparten spielt der Buchstabe, die Kombination von Initialen oder ein Schriftsatz eine wesentliche Rolle. Leider wird damit oft recht nachlässig verfahren. Die Umsetzung auf das jeweilige Material setzt Überlegung, Beherrschung der Schreibtechnik und die materialgerechte Arbeit voraus. Will man Schrift auf Fliesen malen, muß man zunächst das richtige Handwerkszeug haben, d.h. einen Schriftpinsel, der nicht rund, sondern flach gebunden ist und vorne gerade.

Oder Sie nehmen eine Breitschriftfeder und arbeiten mit der »Wasserfarbe«. Aber Vorsicht! Sie läuft am Anfang leicht zu dick und springt dann im Brand ab.

Als Beispiel bringe ich das Alphabet der Halbunziale und Unziale, die mit rechtwinklig gehaltenem Schreibpinsel geschrieben wird. Sie macht einen klaren Eindruck und erinnert an romanische Rundbögen. Sie wurde auch in dieser Zeit in den Klöstern entwickelt und geschrieben. Um einen Text gut zu schreiben, muß man mehrere Zeilen mit jedem einzelnen Buchstaben füllen. Dann schreibt man den Text. Stellt man das geschriebene Blatt auf den Kopf, sollen weder Löcher noch Ballungen zu sehen sein, sondern ein harmonisches Schriftbild.

Auch hierfür gibt es gute Literatur und Vorbilder.

Das Monogramm verbindet meist zwei oder drei Buchstaben. Manche Verbindungen bieten sich förmlich an, andere wieder sind schwer zu vereinigen; da hilft nur wiederholtes Schreiben, zunächst auf Papier, aber immer mit Schriftpinsel oder Breitschriftfeder. Einige Beispiele sollen das zeigen. Haben Sie eine gute Lösung gefunden, ist auch hier die beschriebene Pause eine gute Hilfe.

Federhaltung

ABCDEFGHIJKL

MNOPQRSTUV

WXYZ

abcdefghijklmn

opqrstuvwxyz

Unziale-Halbunziale

Vom 4. Jahrhundert an entstand die Unziale, eine Großbuchstabenschrift. Unter dem Einfluß der Kursive mit ihren Minuskeln entwickelte sich die Halbunziale. Zu den Großbuchstaben traten Kleinbuchstaben mit Ober- und Unterlängen. Diese schöne Schrift bevorzugt runde Formen und erinnert an den romanischen Baustil. Sie verbreitete sich über das ganze Römische Reich und wurde besonders von Mönchen in Irland und England vollendet geschrieben.

Vielleicht fragen Sie mit Recht, warum ausgerechnet diese uralte Schrift als Beispiel in einem Buch über Fliesenmalerei empfohlen wird. Auf Fliesen schreiben wir mit einem flachgebundenen Pinsel oder der Breitschriftfeder; hier eignen sich besonders Alphabete, die, wie diese, ein sattfarbiges, breitlaufendes Schriftbild von ornamentaler Schönheit ergeben

Schrift auf Fliesen. Die BK-Fliese wurde mit Korallrot gestupft, gebrannt, mit Schwarz überstupft und die Buchstaben mit einem Borstenschreibpinsel aus der nassen Farbe herausgenommen.
Die beiden anderen Fliesen wurden zuerst mit Schwarz bemalt und nach dem Brand mit Korallrot überstupft.

Mit dem magischen Quadrat soll sich ein römischer Sklave seine Freiheit verdient haben. Die wörtliche Übersetzung lautet: Der Bauer (Sämann) Arepo (Eigenname) lenkt mit seiner Hand (Mühe) den Pflug (Räder). Es gibt noch zahlreiche andere Deutungen der fünf Wörter, die sich von links nach rechts und nach abwärts und von rechts unten nach links und nach aufwärts, also viermal lesen lassen

In eine weißgeflieste Küche mit rotem Spülbecken wurde dieses Fliesenbild zur Erinnerung an den Einzug ins neue Haus eingefügt. Paprikaschoten und Blüten in Meißner-Rot, Blätter in Schwarz bis Grau. Aufglasurtechnik

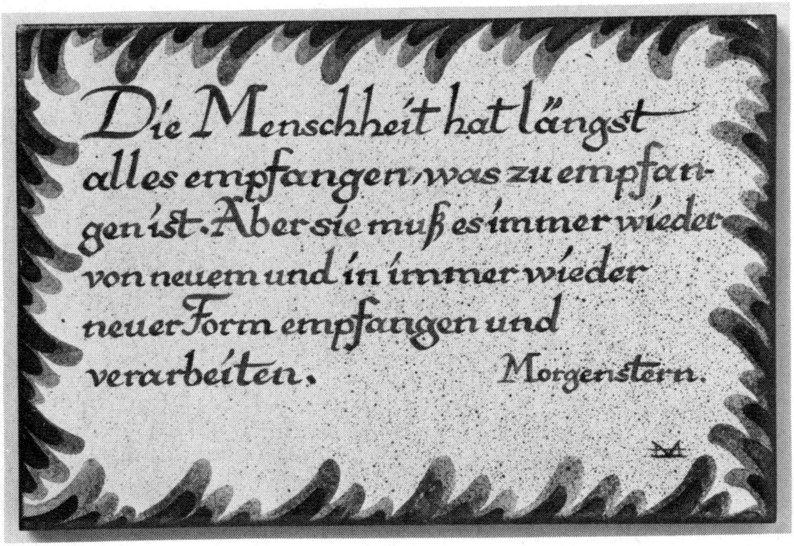

Fliese mit grauer Glasur. Die Schrift wurde in Braun mit dem Schriftpinsel gemalt (Kursive aus der Goethe-Zeit). Der Rand wurde mit dickem Pinsel in Grün und Braun aufgetragen. Format 15 × 20 cm

Rechts:
Tablett mit sechs weißen, blau bemalten Fliesen. Durch das Datum und Monogramm wird solch ein Geschenk besonders persönlich

Straßenschild aus Faenza, Italien, aus Fliesen hergestellt. Ähnliche Schilder kann man in Spanien, Portugal und Frankreich entdecken.
Foto: Otto Kretzschmar

Malen eines Wappens

Wollen Sie ein Wappen malen, so ist eine genaue Vorlage wesentlich. Trotzdem rate ich Ihnen, sich etwas mit der Heraldik zu befassen. In jeder Bibliothek ist spezielle Literatur darüber einzusehen. Dort vergleichen Sie Ihr Vorbild mit den Forderungen. Der Stil von Helm, Wappenschild und Wappenmantel soll aus einer Zeit stammen. Um die Jahrhundertwende ging man recht leichtfertig mit der Wappengestaltung um. Der sogenannte Wappenbrief enthält die klaren Voraussetzungen

Wappen der Familie Merkel aus Nürnberg

zungen. Otto Hupp hat in der Heraldik manches zurechtgerückt, und wenn Sie Gelegenheit haben, sich in die sogenannten »Münchner Kalender« zu vertiefen, werden Sie großen Gewinn daraus ziehen können. Hupp verband in vorbildlicher Weise Heraldik mit künstlerischem Schwung. Für ein Wappen ist eine genaue Pause unbedingt nötig, wie sie im Kapitel Sponsen beschrieben wurde.

Im allgemeinen wird in der Fliesenmalerei kaum Gold bzw. Silber verwendet, im Gegensatz zum Porzellan.

Aber in der Heraldik ist Gold und Silber oft nicht zu umgehen. Man verwendet das dickflüssige Poliergold (Glanzgold ist nicht zu empfehlen), dessen Preis sich nach dem prozentualen Goldgehalt richtet. Die Goldemulsion hat eine schwarzbraune Farbe und wird mit dem Pinsel oder der Feder aufgetragen, die dann nur für Goldarbeiten weiterverwendet werden dürfen. Pinsel und Feder werden in Gold-Verdünnungsöl ausgespült. Läuft das Gold zu dick, kann tropfenweise Verdünnungsöl zugegeben werden. Aber bitte vorsichtig, zu stark verdünntes Gold wird nach dem Brand lila!

Nimmt man das mit Gold bemalte Stück aus dem Ofen, wirkt es stumpf und muß mit Gold-Poliersand abgerieben werden. Dieser Sand wird in einem Schüsselchen mit etwas Wasser angemengt und mit einem Schaumstoffstupfer leicht über das stumpfe Poliergold gerieben, deshalb die Bezeichnung »Poliergold«, im Gegensatz zum Glanzgold, das glänzend aus dem Brand kommt, aber wenig Gold enthält.

Zum Ausklang

Es ist mir ein aufrichtiges Anliegen, all denen meinen Dank auszusprechen, die durch Gespräch und Gedankenaustausch oder durch das Prüfen des Manuskriptes dazu beigetragen haben, mögliche Schwierigkeiten noch klarer herauszuarbeiten.

Manch hübsche Ergebnisse der sogenannten »Hobbyarbeiten« sind mehr oder weniger ein Zufallserfolg. Aber jeder handwerkliche Zeitvertreib birgt in sich die Möglichkeit zum Kunsthandwerk, das auf der Beherrschung der handwerklichen Grundlagen aufbaut, aber künstlerische Überlegungen einbezieht. Leider liegt es etwas an unserer Zeit, daß mancher glaubt, mit seinen guten Ideen die zähe Lehrzeit überspringen zu können.

Jeder Meister seines Faches wird Ihnen von mühseligen Anfängen und Versuchen, von Erfolgen und Mißerfolgen erzählen können.

Lassen Sie den Mut nicht sinken, wenn Ihre Dekorvorstellungen sich nicht gleich so verwirklichen lassen, wie Sie es sich vorgestellt haben! Ich male seit über 50 Jahren auf Fliesen und Porzellan und gebe offen zu, daß ich auch heute noch dazulernen muß. Manche Idee, vor Jahren versucht, wird erst heute Wirklichkeit.

Es wäre mir eine Freude, wenn auch Sie in der Fliesen- und Porzellanmalerei eine beschauliche Entspannung fänden, die der Hektik unserer Tage entgegenwirkt.

Einige Fachausdrücke für Fliesenfreunde

Abdeckplatte
Bei brusthohen Verfliesungen erhielten die oberen, an der Wand endenden Platten eine Rundung, damit sie – ohne einen Grat zu bilden – mit der Mauer abschließen.

Abdecklack
dient der Reservierung von größeren Flächen, die weiß bleiben sollen, beim Stupfen mit Farbe. Nach dem Grundieren läßt sich der mitgestupfte Lack mit einer Pinzette abziehen.

Abplatzen
von Farbe nach dem Aufglasurbrand ist eine Folge zu starken Farbauftrages.

Abziehbilder
wurden mit zunehmender Industrialisierung der Fliesendekorierung für Massenanfertigung entwikkelt.

All-Stabilostift 8008
der Schwan-Bleistiftfabrik ermöglicht das Vorzeichnen auf der glatten Glasuroberfläche. Der Strich verbrennt im Brennprozeß ohne Rückstand.

Anisöl
tropfenweise der Farbe beigegeben, erhöht die Geschmeidigkeit, z. B. für feine Konturen.

Arabeske
Reliefartiges Ornament aus zum Teil ineinander verschlungenen Linien stilisierter Pflanzenranken aus hellenistisch-römischer Zeit. Im 16. Jahrhundert kam die Arabeske mit der maurischen Kunst nach Europa und wurde zur einfacheren Form der »Maureske« umgebildet.

Aufglasurbrand – Aufglasurmalerei
Die fertigen, glasierten Fliesen werden mit Aufglasurfarben bemalt und bei etwa 780 °C eingebrannt.

Azulejos
(span. azul = blau)
Vielfarbige gemusterte Wandfliese (Fayence), die im 14. Jahrhundert von den Mauren in Spanien eingeführt wurde und bis zum heutigen Tag hergestellt wird.

Balsam-Copaiva, Dicköl, Siebdrucköl
Öle zur Aufbereitung der Fliesen- bzw. Porzellan-Pulverfarben.

Blindfliese
Undekorierte Fliese.

Blumenmalerei – ornamental
Nachahmung z. B. asiatischer Vorbilder auf Fliesen.

Bodenfliesen
müssen der Haltbarkeit wegen aus Steinzeug bestehen.

Böttgersteinzeug
ist hoch gebrannt und hat einen dichten, roten Scherben.

Brand, Brennprozeß
Man unterscheidet bei Steingutfliesen:
1. Roh-, Schrüh- oder Verglühbrand bei etwa 1100 °C,
2. Glasur- oder Glattbrand, auch Garbrand genannt, bei etwa 1050 °C,
3. Muffel- oder Aufglasurbrand bei etwa 780 °C.

Camaïeumalerei
Einfarbige Malerei in differenzierten Farbtönen.

Chinesischer Mäander (Wan-Li)
Eckornament in mancherlei Abwandlungen (siehe auch: Eckornament).

Chinoiserie
Nachahmung chinesischer Dekormotive.

Craquelé
besteht aus einem Netz von absichtlich herbeigeführten Haarrissen in der Glasur (Spannungsdifferenzen).

Dekor
Malerischer und/oder plastischer Schmuck auf Fliesen.

Dekorbrand
Einbrennen der Aufglasurfarben bei etwa 780 °C. Siehe Brand.

Dextrin
Bindemittel für die mit Wasser angesetzten Fliesen-Porzellanfarben.

Dicköl
Auch *Zachöl* genannt (zach = zäh), entsteht unter bestimmten Bedingungen durch Verharzen des Terpentinöls.

Drehscheibe
benötigt man zum Ziehen von Kreisen auf Fliesen.

Durchstaub- oder Durchstechschablone (»Sponse«)
Die Konturen der Zeichnung werden mit einer Nadel durchlöchert. Diese *Lochschablone* legt man auf die Fliese und wischt mit einem Wattebausch geriebenen Graphit über die Lochschablone. Graphit verbrennt ohne Rückstand im Brennprozeß.

Eckornament
verbindet vier Fliesenecken und überspielt die zwangsläufigen Fugen.

Engobe
wird als Beguß (dickflüssiger Ton) auf die lederharte Fliese vor dem ersten Brand gegeben, um die eigentliche Tonfarbe zu färben, z. B. Weiß.

Farbfliese
Wegen der Veränderung der Farben im Brennprozeß werden auf einer Fliese Farbfelder von Gelb bis Schwarz aufgetragen und Farbenbezeichnung sowie Farbennummer des Herstellers eingetragen.

Farbreiber
Aus Glas oder Steingut, zum Aufbereiten der pulverförmigen Fliesen-Porzellanfarben mit Öl auf aufgerauhter Glasplatte. Die Unterseite des Farbreibers muß eben und aufgerauht sein.

Fayence (Majolika)
Der nach dem ersten Brand wasserdurchlässige Scherben wird mit wasserundurchlässiger Glasur bedeckt, auf die *ungebrannte* Glasur gemalt und dann gebrannt.

Feldspat
Ein Mineral, das Kieselsäure und Tonerde enthält. Als Flußmittel ein wesentlicher Bestandteil der Fliesenmasse.

Fliese aus Steingut
Poröser, meist naturfarbener Scherben mit undurchsichtiger Glasur.

Fliesenkombination
Darstellung eines Dekors über mehrere Fliesen z. B. an einer Wand befestigt oder als Fliesentisch.

Flußmittel
Zusätze, um z. B. strengflüssige Aufglasurfarben leichtflüssiger zu machen.

Fond
Gleichmäßige Grundierung einer Fliesenfläche mit Farbe.

Fries
Ein Streifendekor zum Abschluß, zur Gliederung, zum Schmuck oder zur Belebung einer Wandfläche.

Garbrand
Siehe Brand.

Generalfluß
Beimischung für alle strengflüssigen Fliesen-Porzellanfarben.

Glasur
Glasartige Schicht, die im Brennprozeß die Aufglasurmalerei aufnimmt und die Unterglasurmalerei überdeckt. Die Glasur unterscheidet sich in ihrem materialmäßigen Aufbau von der Tonmasse durch einen stark erhöhten Gehalt an Flußmitteln.

Glasurbrand, Glattbrand
Siehe Brand.

Glühbrand, Verglühbrand
Siehe Brand.

Glühscherben
Die einmal gebrannte Rohfliese.

Glaspalette – Glasplatte
Eine Seite rauh, dient dem Maler zur Farbaufbereitung mit Spachtel und Farbreiber.

Glyzerin
wird als Malmittel für Unterglasurfarben verwendet.

Hausmaler
Die an keine Manufaktur oder Fabrik gebundenen Fliesen- und Porzellanmaler.

Hausmalerei
Von Hausmalern dekorierte Fliesen und Porzellane.

Heraldik
Lehre von der Wappengestaltung.

Haarrisse
Siehe Craquelé.

Indianische Blumen
Ostasiatische, stilisierte Blumenmalerei, vor allem Chrysanthemen, Astern, Päonien, Lotos. Siehe Blumenmalerei.

Jugendstil
Nach 1896 aufgekommene nach der Münchner Zeitschrift »Jugend« benannte Stilrichtung.

Kachel
Die Ofenkachel besteht aus einem meist glasierten Blatt und dem zu einem hohen Steg ausgeformten Hals und Rumpf auf der Rückseite, der ein festeres Aneinanderfügen der Kacheln mit Schamotte ermöglicht (Kachelofen).

Kaschmir-Dekor
Besteht aus üppiger Fülle asiatischer Blumen mit Vögeln.

Kassette
Zum Glattbrand (siehe Brand) werden die Fliesen einzeln in hitzebeständige Halterungen aus Schamotte geschoben, wobei sie nur mit den unteren Kanten des Scherbens zum Aufliegen kommen, um durch den Abstand voneinander gleichmäßig von der Hitze im Brennofen umgeben zu werden.

Keramik
Tonwaren: Sammelbegriff für alle aus Ton hergestellten und gebrannten Waren.
Tongut: hat porösen Scherben.
Tonzeug: hat dichten, gesinterten Scherben.
Beide gibt es glasiert oder unglasiert.
Baukeramik: Sammelbezeichnung für Steinzeugerzeugnisse aus gebrannten, oft farbig glasierten oder bemalten Ornamentfliesen und -platten am Außenbau.

Kielpinsel
Die Pinselhaare sind in einem kurzen Federkiel oder in einer Kunststoffhülse gefaßt und müssen durch ein Holzstäbchen verlängert werden.

Kobaltblau
Älteste und wichtigste *Unterglasurfarbe.*

Kopaiva
Siehe Balsam-Copaiva.

Krakelur
Siehe Craquelé.

Läufer
Siehe Farbreiber.

Lavendelöl
Tropfenweise Zugabe macht die Farbe geschmeidiger und verzögert das Trocknen.

Lochpalette
Steingutbehälter mit Glasplatte als Abdeckung und mit etwa 30 Vertiefungen zur Aufbewahrung der angemischten Fliesen-Porzellanfarben.

Lochschablone
Siehe Durchstaub- oder Durchstechschablone.

Lüsterfarben
Ergeben metallisch schillernden Überzug.

Majolika
Siehe Fayence.

Mangan
Braunlila *Unterglasurfarbe.*

Matrize
Ist der Ausdruck für die Prägestempel des Dekors wie des Rückens für die Wand- und Bodenfliesen.

Maureske
Siehe Arabeske.

Medaillon
Runde oder ovale dekorative Aussparung (Reservierung), z. B. in einem Fond, die mit einem Motiv ausgefüllt ist.

Muffelbrand
Siehe Brand.

Muffelfarben
Die für die Aufglasurmalerei verwendeten Farben.

Muffelmalerei
Fliesen-Porzellanmalerei, die auf die Glasur aufgetragen und in der Muffel eingebrannt wird. Siehe Aufglasurmalerei.

Nelkenöl
Tropfenweise Zugabe macht die Farbe geschmeidiger und verzögert die Trocknung. *Vorsicht!* Zieht Staub und Insekten an.

Ochsenkopf
Ein Eckornament.

Ornament
Verzierungsmotiv.

Palette
Siehe Lochpalette.

Pause
Zeichnung auf Transparentpapier zur Übertragung eines Entwurfes.

Porzellanfliese
Aus Porzellanmasse (Kaolin, Feldspat und Quarz) gefertigte Fliese. Wird verhältnismäßig wenig hergestellt, weil die feinere Masse sich leicht beim Brand verzieht.

Pyrometer
Meßfühler in Elektro-Brennöfen zur Temperaturbestimmung.

Ränderscheibe
Siehe Drehscheibe.

Reserve – Reservierung
Auf Fond ausgesparte Motive.

Restaurierung
Sachverständige und kunstgemäße Reparatur eines Kunstwerkes ohne Fälschungsabsicht.

Rohbrand
Siehe Brand.

Segerkegel
Von Seger (1839–1893) erfundenes, aus keramischen Rohstoffen bestehendes Hilfsmittel zur Temperaturbestimmung beim Brennprozeß.

Siebdrucköl – Siebdruckmedium
Zum Aufbereiten der pulverförmigen Fliesen-Porzellanfarben.

Sintern
Schmelzprozeß beim Brand, bewirkt Durchglasung und Verdichtung des Scherbens, nur bei Steinzeug und Porzellan.

Sockelfliese
Wie die Abdeckplatte bei der brusthohen Verfliesung den oberen Abschluß zur Wand, bildet die Sockelfliese den Abschluß zum Boden. Sie ist im unteren Teil meist stärker im Durchmesser, um bei Stoßbelastungen (wie z. B. beim Fegen) nicht zu brechen.

Spachtel
Meist aus Stahl, wird zum Anmischen der Farben mit den Malmitteln benötigt.

Spinnen und Spinnenstern
Sind Eckornamente.

Sponse
Siehe Durchstaub- oder Durchstechschablone.

Stahldruck
Dekorationsverfahren unter Benutzung polierter Kupfer- oder Stahlplatten für Massenherstellung.

Steingut
Keramik mit porösem weißem Scherben, Brenntemperatur etwa 1050 bis 1100 °C. Siehe Keramik.

Steinzeug
Wasserundurchlässiger Scherben wie bei Porzellan, aber nicht weiß. Brenntemperatur etwa 1200 bis 1300 °C. Siehe Keramik.

Stupfen
Gleichmäßiges Verteilen der Farbe mit einem Stupfpinsel oder Schaumstoffstupfer.

Schamotte
Scharf gebrannter, feuerfester Ton für Brennhilfen.

Scherben
Tonmasse nach dem Brand, also einmal gebrannte Fliese.

Schrühbrand
Siehe Brand.

Terpentinöl – echtes
Naturprodukt, wird als Malmittel und zur Säuberung der Pinsel gebraucht.

Ton
Verwitterungsprodukt feldspathaltiger Gesteine.

Tonwaren
Siehe Keramik.

Töpfereierzeugnisse
Sammelbegriff für Tonwaren mit wasserdurchlässigem Scherben, auch Fayence oder Majolika, nicht Porzellan.

Umdruckverfahren
Mit dieser im 18. Jahrhundert in England entwickelten Technik werden Motive auf Fliesen oder Porzellan nicht mehr ausschließlich mit dem Pinsel gemalt, sondern gedruckt.

Unterglasurmalerei
Bemalen des Scherbens nach dem ersten Brand mit Spezialfarben vor dem Glasieren.

Verglühbrand
Siehe Brand.

Wan-Li
Siehe Chinesischer Mäander.

Wappenkunde
Siehe Heraldik.

Wedgwood-Ware
Nach dem englischen Erfinder Wedgwood benanntes Steinzeug.

Zeichenfeder
Kleine Stahlfeder zum Zeichnen von Konturen, Schrift und Signatur.

Literaturhinweis

Kulturgeschichte
der Wand- und Bodenfliesen
Von der Antike
bis zur Gegenwart
Wiesbaden

Kaufmann, G.
Bemalte Wandfliesen
München 1973

Weisser, M.
Jugendstilfliesen
Bremen 1978

Elling, G. u. W
Fliesen und Fliesenbilder
1978

Schoubye, S.
Flisesamlingen
i Tønder Museum
Tønder 1977

Wiegand, E.
Keramische Fliesen
selbst verlegt
Köln-Braunsfeld 1975

Kretzschmar-Volck, H.
Porzellan bemalen
1976

Kretzschmar-Volck, H.
Porzellanmalerei
Bonn 1978

Bülow, C.
Das Kachelbuch
Hamburg

Über die Autorin

Hedwig Volck wurde 1915 in Bad Kissingen geboren und verbrachte Kindheit und Jugend in München. Seit 1928 bekam sie Stunden in Fliesen- und Porzellanmalerei bei Prof. Wimmer.
1932 bis 1937 besuchte sie die Akademie für Angewandte Kunst in München, vor allem die Keramikklasse unter Prof. Carl Sattler, und belegte die Kurse für Schriftgestaltung von Prof. Anna Simons. Sie legte die Gesellenprüfung als Töpferin ab und die Oberstufenprüfung an der Akademie für Angewandte Kunst.
Als Mitglied des Bayerischen Kunstgewerbevereins beteiligte sich Hedwig Volck an Ausstellungen und Wettbewerben. Seit 1937 ist sie mit Dr. Benno Kretzschmar verheiratet.
Hedwig Kretzschmar-Volck hat zahlreiche Techniken in Fliesen- und Porzellanmalerei erarbeitet. Sie war bestrebt, in Unikaten der Dekorgestaltung werkgerechte kunsthandwerkliche Ziele zu verwirklichen. Seit Jahren hält sie Kurse in Fliesen- und Porzellanmalerei an der Volkshochschule Koblenz und privat. Sie wendet sich in diesem Buch an alle Fliesenhausmaler sowie an die Freunde und Sammler handgemalter Fliesen.

Bezugsquellenverzeichnis

Martin Gerndt
Am Kupferhammer 6
8590 Marktredwitz
Pinsel, Abdecklack, Spezialverdünnung

Gerstäcker Verlag KG
Obere Hardt 27
5208 Eitorf
Farben, Brennöfen und Brennhilfen

Ewald von Hagen
Die Tonkiste
Ruhrstr. 2–6
6450 Hanau/M
Industriegebiet-Nord
Heraeus-Farben, Öle, Gold, Platin für Fliesen- und Porzellanmalerei sowie allen Zubehör wie Lochpaletten, Spachteln usw.

Carl Jäger
Postfach 45
5410 Höhr-Grenzhausen
Brennöfen und Brennhilfen

Fa. Farben Jenisch
Großer Hirschgraben 15
6000 Frankfurt 1
Sämtliches Malmaterial

Karl Kolling
Talweg 1
5449 Thörlingen
Brennöfen und Zubehör

Joseph Kreuter KG
Postfach 107
6300 Gießen
Lochpaletten

Reinsch
Nordstr. 16
3050 Wunstorf 1
Malutensilien

Horst Uhlig GmbH + Co KG
Postfach 88
5401 Emmelshausen
Sämtliche Malutensilien für Fliesen- und Porzellanmalerei und Brennöfen (Lieferung nur über den Fachhandel)

Heinz Welte GmbH & Co
Max-Planck-Str. 7
5030 Hürth-Hermülheim
Farben, Malutensilien, Brennöfen, Brennhilfen

Hans Wolbring
St.-Martins-Weg 5
5410 Höhr-Grenzhausen
Degussa-Farben und Öle

Thomas Wolbring
Rheinstr. 62
5410 Höhr-Grenzhausen
Elektro-Öfen und Brennhilfen

Kunsthandwerk

Band 124
Der Anfänger wie der Fortgeschrittene erfährt in diesem Buch alles Wichtige über Batiken: Entstehung und Geschichte – Material – Technik – Anwendung – Pflege.

Band 128
Handbuch für den Hobbytöpfer. Die über 400 Glasur-Rezepte sind nach Brenntemperaturen und Verwendungszweck geordnet. Das Mischen, Einfärben, Auftragen sowie mögliche Fehlerquellen werden erklärt.

Band 137
Eine vollständige Einführung in das alte Handwerk der Porzellanmalerei. Neben der Beschreibung des Arbeitsplatzes und der Malutensilien erhalten Sie viele Anregungen für die Dekorgestaltung.

Band 157
Hier wird Ihnen Schritt für Schritt gezeigt, wie sie anhand überlieferter oder eigener Entwürfe Schränke, Teller oder andere Gegenstände durch Bauernmalerei verschönern können.

Ravensburger Freizeit-Taschenbücher